海派名物典藏

主编 张伟

近代日记书信丛考

张伟 著

上海大学出版社

图书在版编目（CIP）数据

近代日记书信丛考 / 张伟著． —上海：上海大学出版社，2019.8

（海派名物典藏 / 张伟主编）

ISBN 978-7-5671-3667-0

Ⅰ．①近… Ⅱ．①张… Ⅲ．①名人—日记—研究—中国—近代②名人—书信—研究—中国—近代 Ⅳ．① K820.5

中国版本图书馆 CIP 数据核字（2019）第 158008 号

海派名物典藏丛书编委

王汝刚
王金声
王琪森
汤惟杰
邢建榕
宋路霞
张　伟
李天纲
沈嘉禄
陈子善
郑有慧
钱乃荣
龚伟强
薛理勇

（按姓氏笔画顺序排列）

书　　名	近代日记书信丛考
著　　者	张伟
出版发行	上海大学出版社
地　　址	上海市上大路 99 号（邮政编码 200444）
网　　址	http://www.shupress.cn
发行热线	021-66135112
出 版 人	戴骏豪
印　　刷	江阴金马印刷有限公司
经　　销	各地新华书店
开　　本	710mm×1000mm
印　　张	12
版　　次	2019 年 9 月第 1 版
印　　次	2019 年 9 月第 1 次
书　　号	ISBN 978-7-5671-3667-0/J•502
定　　价	98.00 元

上海大学海派文化研究中心"310 与沪有约——海派文化传习活动"项目支持

总　序

自上海开埠，上海成为中国现代化发展的发源地，在不到一百年时间内，成为远东第一大都市，成为近代中国的文化中心，成为多元文化的重要聚集地与中兴之地，从而孕育出博大精深的海派文化。

上海为近代中国的先驱，是近代中国经济、贸易、科技、文化重镇。上海是中国共产党的诞生地，是海派文化的发源地、先进文化的策源地、近现代文化名人的汇聚地，造就了"海纳百川，追求卓越，大气谦和，兼容并蓄"的上海精神和海派文化气质，留下了大批具有重要文化信息含量的遗产。

在改革开放40周年之际，作为中国改革开放排头兵的上海，再次吹响重塑上海文化重镇的号角，进一步弘扬上海城市精神，打造红色文化、海派文化、江南文化的文化名片。汇集梳理海派文化典藏，可以挖掘丰富的海派文化资源，充实海派文化的研究，同时也是提供一个研究中华文化、深度展示中华优秀传统文化的新视角。整理、开发、解读近现代上海文化遗存，有助于进一步推动当下文化繁荣尤其是地方文化复兴，对进一步弘扬海派文化、彰显上海城市精神具有重要价值和现实意义。

"海派名物典藏"主要选取近现代富含大量文化信息的资源，以纸质资料为主，涵盖了影剧说明书、老戏单、老唱片、老胶片、老书札、老照片、老包装、老明信片等涉及社会经济文化发展方方面面的文化遗产，对其加以集中并进行深度文化解读。"典藏"

内容图文并茂，文以深刻解说图，图以紧密结合文，内容多为首次披露，具有重要的文献史料价值。其撰写者均为长期涉猎并浸润其中的权威学者、专家及收藏家。可以说每部典藏都是一部文献历史记载，都是对某一门类的文化遗存的深度文化解读。

上海是一个有很多故事的城市，而且是一个非常精彩、色彩斑斓的城市。从过去到今天，这个"演艺之都"几乎每天有许多鲜为人知或众所周知的故事在上演。我们的工作，对于上海诸多文化遗存的解读、阐述仅仅是个开始，希望更多的专家学者加入这个行列，寻访上海近代的传奇踪迹，彰显海派文化的精气神，同时也为文化大繁荣尽一份绵薄之力，为伟大时代大声呐喊。

上海市文化发展基金会理事长
上海大学海派文化研究中心主任　陈东
2018 年 7 月 11 日

序

读张伟兄新著《近代日记书信丛考》，津津有味。

张伟兄长期供职于上海图书馆，工作之余，又致力于中国近现代文学、艺术文献的整理和研究。单就他当年主持的请编者在"稀见新文学期刊上题记"这一项工作，就抢救了不知多少有价值的文学史料，堪称功德无量。后来，他的研究领域不断扩大，从中国近现代文学起步，逐渐拓展至近现代电影史、城市史、中西文化交流史以及近现代年画和月份牌（令人惊艳的上海"小校场年画"就是他发掘和命名的），不断有新的发现，不断提出新的看法，也不断改写现代文学史和艺术史，影响遍至海内外。

中国近现代日记书信是张伟兄持续关注和耕耘的又一个领域。上海图书馆收藏的近现代日记和书信极为丰富，2013年和2014年先后举办了"馆藏尺牍文献精品展"和"馆藏稿本日记展"。张伟兄自己也痴迷收藏，多年锐意穷搜，收获颇丰，从而更进一步推动了他的近现代日记书信研究。他为上海图书馆两次大展分别撰写了颇具学术含量的长篇序文，提出研究中国近现代文化、文学和学术，不能忽视相反应该特别重视日记书信的观点。这深得我心，因为我也对近现代日记书信充满兴趣，也认为近现代日记书信的搜集、整理和研究是深入探讨中国现代文学史、艺术史和学术史的一个新的学术增长点。以前吴宓日记、朱自清日记、宋云彬日记的整理出版，近年胡适留学日记手稿、周作人未刊日记、梅贻琦和郑天挺西南联大日记、夏鼐日记、张爱玲致夏志清和庄信正信札等的整理、发表或出版，无不有力地证明了这一点。

《近代日记书信丛考》就是张伟兄近年研究近现代日记书信成果的汇集。书中讨论的范围很广泛，涉及近现代政治史、文学史、史学史、艺术史等众多方面，如对陈寅恪首次留欧期间明信片上一首佚诗的考证，如对丰子恺、傅抱石抗战时期致张院西一组信札的释读等，都是令人欣喜的新发见。张伟兄尤其擅长从不引人注意的看似普通的一枚明信片或一通三言两语的短信上揭示文坛故实，如对《胡适全集》失收的胡适1911年11月6日致马君武关于辛亥革命明信片的分析；如对新出土的周作人1950年10月30日致康嗣群信中所说"遐寿"笔名由来的阐释，都颇见功力，大大有助于胡适研究和周作人研究。

张伟兄在梳理鸳鸯蝴蝶派名家包天笑的日记时，使用了"日记中的隐秘角落"的提法，很形象，也很有见地。作家的日记，如不是刻意文饰，往往比他后来的回忆可靠，确实有许许多多"隐秘角落"，有待有心人的爬梳和发掘。四年来，张伟兄整理的已在现代文学史上消失多年的傅彦长的日记（1927—1936年，中有间断）陆续在拙编《现代中文学刊》连载，傅彦长日记中不少"隐秘角落"也一一呈现出来。张伟兄强调透过傅彦长的遗存日记，可以窥见我们以前所不知道或知道很少的20世纪二三十年代民国部分文人日常生活中的人际交往和生活消费，以及这些对他们思想和创作的影响。他举了许多有趣的例子，其中有一个不妨再说一说。傅彦长认识鲁迅，鲁迅日记1926年5月15日就有"顾颉刚、傅彦长、潘家洵来"的记载。但当张伟兄把现存傅彦长日记与鲁迅日记对读，就发现了"隐秘角落"。傅彦长日记1927年12月5日记云："到内山书店，遇周树人、王独清。"该天鲁迅日记怎么记的呢？记云"夜往内山书店买书五本"，提到内山书店仅此一句。那么，也许该天晚上傅彦长到内山书店见到了鲁迅，他还见到了王独清，难道那晚鲁迅与王独清也见了面？傅彦长日记1933年4月10日又记云："午后到沪，在新雅午餐。遇张振宇、鲁迅、黎烈文、李青崖、陈子展。"该天鲁迅日记又只字未提在新雅午餐。鲁迅当然不可能独自一人去新雅，很可能那天中午他与《申报·自由谈》主编黎烈文在新雅谈事。这两条鲁迅日记的失记提醒读者，鲁迅日记中的"隐秘角落"还很多，而这正是通过张伟兄对傅彦长日记的梳理而提示给读者的。

此外，张伟兄对康嗣群1938年"孤岛"日记的解读也很值得关注。康嗣群在"孤岛"时期临危授命，担任上海美丰银行上海分行经理。但他是新文学的爱好者和参与者，曾与周作人交往，又曾与施蛰存合编有名的《文饭小品》。这就决定了康嗣群的日记虽只薄薄一册，起讫时间虽只短短11个月，却颇具可读性。康嗣群阅读巴金《家》和首版《鲁迅全集》的体会，阅读埃德加·斯诺《红星照耀中国》的感受，在日记中均有较为充分的记载。而经过张伟兄的条分缕析，其中的"隐秘角落"进一步凸显，使读者更真切地领略了当时海上知识分子思想和情感的脉动。

总之，张伟兄这本《近代日记书信丛考》真的是秋水长天，一片清明，引人入胜。书中文字无论长短都有他的独特视角、独家发现和独到见解，填补了中国近现代文学史、艺术史和学术史研究的若干空白，不仅充分显示了日记书信研究的重要性和必要性，也生动展现了近现代文学、文献学的魅力。

我和张伟兄是订交四十年的老友，他的处女作《沪渎旧影》就由我作序。这次又写下这篇粗浅的读后感，祝贺张伟兄这本新著问世，并与他共勉。

陈子善
2019年7月7日于海上梅川书舍

目 录

心曲传真——中国近现代文人日记漫谈　　/ 1
一个民国文人的人际交往与生活消费——傅彦长其人和遗存日记　　/ 25
一位银行经理的"孤岛"见闻和感受
　　——康嗣群1938年日记中的交友圈和读书记录　　/ 39
日记中的隐秘角落　　/ 49
一纸飞鸿——中国近现代文人手札漫谈　　/ 54
刘德斋的手稿　　/ 65
抗战中的陆徵祥　　/ 80
"非为报油烛，乃以答知音"——丰子恺致张院西信札释读　　/ 90
坚守与困窘——傅抱石致张院西信札释读　　/ 104
周作人致康嗣群的一封佚信　　/ 122
陈寅恪首次留欧期间的一首佚诗　　/ 126
陈寅恪的那一声感慨　　/ 130
蔡元培留德生涯之一瞥　　/ 135
胡适关于辛亥革命的一封佚信　　/ 140
陈篆其人其事　　/ 142
鲁迅书信的解惑——石凌鹤题《电影·戏剧》　　/ 147
庐隐长篇《火焰》的最初发表　　/ 150
老舍《南来以前》的文献价值　　/ 154
夏衍关于早期创作的一封信　　/ 160
楼适夷回忆《现代生活》　　/ 167

一个善良的友人——巴金心目中的散文名家缪崇群　　/ 171
怀念赵家璧先生　　/ 176

秋水共长天一色（代跋）　　/ 182

心曲传真
——中国近现代文人日记漫谈

何谓文人？我国上古文献中就有专门记载，如《诗·大雅·江汉》："告于文人。"郑玄笺："告其先祖诸有德美见记者。"孔颖达疏："汝当受之以告祭于汝先祖有文德之人。"现在则一般指具备文化修养的知识分子，所谓"知书能文"之人。可见，文人是一个具有悠久历史的专有名词。从古代至近代，中国社会人群中文盲占有极大的比例，1949年新中国成立时曾统计，文盲占全国人口数达到八成，这个比例在古代恐怕会更高，黄茅白苇，一望皆是。社会中有文化的人很少，能称得上是文人的就更少而又少了，而文人中记过日记的比例恐怕也不会太大。故和其他文献相比，日记的数量可能是最少的；且由于种种原因，古代文人所记的日记稿本流传下来的就更少了，即使有如今也大都收藏在大型图书馆的善本书库中，等闲人寻常不得见之。人们现在所知晓或能见到的大都是清季以来文人的日记，尤其以晚清民初这近一百年来所记为多。这些日记主人的身份也呈现多样化的格局，虽然可以"文人"一词概括之，但实际情况却非常复杂，很多人的身份可能以"官员"和"商人"来定位更为恰当。本篇行文涉及的日记，则基本以狭义的"文人"所记为主，尽量避免"官员"和"商人"的日记，有的人可能兼有多种身份，则也选择以"文人"身份为主。兹特说明。

一、文人与日记

一个文人，一般一生会和三种体裁的文字发生关系：一是写给自己看的日记；二是和家人亲戚、朋友同事的通信；三是公开发表出版的文章专著。就通常意义上来说，日记最私密，往往一辈子不会曝光，至少不会在社会上公开披露；通信其次，在亲友同好之间流传的可能性较大；文章专著基本无私密，因系公开发表，是敞开心扉的亮相。但事实却往往并非这么简单。日记写的时候可能就是为了传闻刊布，通信也可能会说些冠冕堂皇的言语，公开发表的文字更可能完全和作者内心的真实想法背道相驰。所以就有了研究探讨的必要。此外，还有一个受众的原因也不能忽视。日记的最大特色在于私密，本应仅限于一人或极少数相关之人阅读，而事实却远非如此。很多名人因其名气或成就引人瞩目，与其相关的一切也就几乎无所遁形，致使其日记以及私信等特殊之物或不愿或自愿而公之于众。而众人对于私密性极强的名人日记也往往抱有极高的兴趣，常常用围观的心情或偷窥的心态或八卦的心理而对待之，并从中得到愉悦。

　　一般而言，越是地位比较低下、影响比较微弱、不致引起人们广泛关注的人物，其日记的可信度反而比较高；而挥斥方遒、一呼百应、身边发生一点小事就会引起媒体追踪报道的大人物，其日记矫饰的可能性就比较大，尤其在一些关键节点和个人隐私方面，尤须仔细辨析。这方面，远一些的如《翁同龢日记》，既有翁自己的剪贴粉饰，也有后人出于某些顾虑而进行的增删，已经有不少人专门就此发表有论文进行考证；近者如《胡适日记》，其在个人情感方面的刻意隐瞒和有意识失记，也是被近年考证出来的史料所屡屡证实的。正如唐振常所说："尽管作为史料说，日记较之回忆录更为可靠一些，还得鉴别，分析，并从其人一生的行事与思想加以判断，并非凡日记皆可信。"（唐振常：《论史随笔》，见唐振常：《繁弦杂奏》，上海书店出版社1997年版，第174页）还有一种现象在历代日记中也是屡屡可见的，即有相当一部分日记是记主在世时就准备公开出版的，或至少是热衷公开传阅的，故在撰写时肯定已经考虑到公开发表或传阅可能产生的效应和后果，其中记述就难免会打折扣，甚至加以矫饰和杂以虚假成分都是可以想象的。这方面最典型的例子就是李慈铭的《越缦堂日记》。李慈铭写《越缦堂日记》是当作著作来着笔的，不但视之为传世之作，且在当时就被同好屡屡借阅，广为流传，他自己也引以为豪。这种现象在晚清并不少见。既然写作时就自视为公开的著作，那么，笔下就必然会有所顾忌，难以视之为肺腑真言。即使着笔时并未多想，而事后再来审视也完全可能惊出一身冷汗：或者当时并未意识不妥，而事后有所醒悟；又或者此时确实并无不妥，而彼时事过境迁，竟觉语涉讽刺，过于敏感。这都是需要补救的。如此，再去审视《越缦堂日记》上那满是焦墨纵横、触目惊心的涂改痕迹，自然不致太过诧异，因为那正是官场险恶、宦海诡秘的真实写照。鲁迅对这类将日记当著述写的作法颇不以为然，曾屡次撰文讽刺："《越缦堂日记》近来已极风行，我看了却总觉得他每次要留给我一点很不舒服的东西。为什么呢？一是钞上谕。大概是受了何焯的故事的影响的，他提防有一天要

鲁迅像

蒙'御览'。二是许多涂墨。写了尚且涂去，该有许多不写的罢？三是早给人家看、钞，自以为一部著作了。我觉得从中看不见李慈铭的心，却时时看到一些做伪，仿佛受了其欺骗。翻翻一部小说，虽是很荒唐，浅陋，不合理，倒从来不起这样的感觉的。"（鲁迅：《怎么写》，见《鲁迅全集》第3卷，人民文学出版社1981年版，第24页）概言之，历代存世的日记数量不少，呈现的情况极其复杂，虽然和其他文献相比，日记的史料价值最值得重视，但就个体而言，具体情况还要具体分析。对一部日记，首先须整体判断是否基本可靠，主要是自用还是示人？并应该将其所思、所记置于特定的历史环境中思考研究；其次对具体细节要详细考证，要援引各方面材料（包括同时期同阶层人士的日记）进行核实，反复比较、勘核，这样才可能揭示真相，得出比较正确的结论。杨天石在仔细研读了蒋介石的日记以后曾说："蒋的日记有相当的真实性，不是句句真实，事事真实，而且真实不等于正确，也不等于全面。研究近现代中国的历史，不看蒋的日记会是很大的不足，但是，看了，什么都相信，也会上当。"（杨天石：《蒋介石日记的现状及其真实性问题》，见杨天石：《找寻真实的蒋介石——蒋介石日记解读（上）》，山西人民出版社2006年版）这是经验之谈。总之，井越挖越深，真理越辩越明，对文字的解读也往往需要很多学者甚至几代人的努力才有可能明晰可辨。

如果说，正史、方志和家谱并列为中国史学的三大支柱，那么，日记、书信和回忆录则可说构成了个人文献的主要部分。

有关人物研究的第一手文献，历来有直接资料（日记、书信、回忆录等）和间接资料（传记、年谱等）之分，这些文献大大丰富了读者对历史人物多重面相的认识。学界一般认为，在归于直接资料的日记、书信和回忆录这三种特殊文体中，其可信度大抵是按照顺时针顺序的：即以回忆录的可靠程度较低，书信次之，而日记的可信度应该最高。如综合比较，此言当属确然。作回忆录者，动笔时一般都已与所忆当年时隔数十年，记忆难免失真，粉饰涂改心理也难以避免。记忆心理学认为，当事者的回忆，会不由自主地进行筛选，过滤掉一部分自己不希望保存的东西，而自己希望张扬的细节则会予以凸显，故一般只能作为旁证。书信相较要可靠得多，因是当年实物，且阅读范围很小，不必过多顾忌，故往往有真情流露，参考价值较大。但毕竟是"对谈"，下笔也难免要斟酌或拿捏再三，其史料价值也往往须打折扣。日记最个人化也最具私密性，是最直接袒露心迹的第一手资料，很多时候，就其揭示人物内心世界的真实性来讲，它们往往要比作者公开发表的文章可靠得多，而且，它们本身所具有的当时语境和丰富细节及给阅读者所带来的身临其境的现场感，是读后人选择性的描写阐述决不可能有的，日记也因此更凸显其价值，更受到人们重视。陆灏近著《听水读钞》（海豚出版社2014年版），内多有其读中外名人日记的心得，尤多读邓之诚日记的感触。他在《君善臧否人物》一文中抄录邓之诚1959年8月17日的日记："报载：张元济于十四日死于上海。此人以遗老自居，而骂清朝。胜利后,反对蒋中正。解放后,勇于开会,当场中风,卧病数年,今始化去。在商务馆发财二三十万,为人绑票,去其大半。沦陷后,骤贫,先卖其屋,后并所藏批校本书籍而罄之。八年前,曾以《翁文端日记》卖于燕京大学。一生刻薄成性,能享大年,亦甚幸矣。"在《满身火气,宜服清凉散也》一文中又抄录邓之诚1959年3月12日的日记:"报载:陈垣《党给我的新生命》一文,自述军阀时代,苟全性命,不求闻达。我所知者,民初,陈为梁士诒私人秘书,众议院议员。辛酉,梁组阁,得为教育次长代部,后复携贰,以居间买东坡《书髓帖》,通好于徐世昌,无所遇,乃投曹锟贿选票,得八千金。后与李石曾、马衡合谋说冯玉祥逐宣统出宫,事后惧祸,避居大连半年。罗马教皇纳英敛之之议,设辅仁大学于北京,英推张相文为校长,张力让陈为之。北伐成功,得李石曾之力,为北平图书馆委员会长。辛未,专任哈佛燕京社学侣时,托陈振先向蒋中正'输诚',竟无所遇,乃喟然叹曰:最后一条战线,只有辅仁大学矣!翌年,乃谋回辅仁大学校长,以至解放。今以诸葛自比,未免太不伦类!"其臧否人物之真情坦率令人吃惊,而他笔下所议论之张元济和陈垣,也和我们历来所存之形象类多不符。陆灏为此感慨道:"邓之诚的日记原来并没有想到要发表,所以臧否人物不留情面,'笑嬉'少,'怒骂'多,有一些还相当刻薄。"然正因为作者生前"并没有想到要发表",所以反而保证了日记中所记是其真实的想法,虽然只是一家之言,但确实是其心中流淌出来的东西,原汁原味,值得重视。

二、日记的文学和文学的日记

日记作为一种叙事文体历史悠久,中国古代一直有"日录"和"家乘"的说法,学界一般将其视为日记的早期形态,如陆游的《入蜀记》、范成大的《吴船录》、徐弘祖的《徐霞客游记》等。其实,这更接近于是一种游记体的日记,并被视之为公开作品刊布流传,和现代日记的文体特征有着较大差别;清末官员的"考察日记",学界文人的"读书日记"等,应该都基本接近于此。欧洲至少在17世纪的英国就出现了以写日记闻名的作家,但他们的日记,多见闻记事,情绪宣泄的功能甚少或者竟无,和中国古代的日记体笔记基本属于同一类。18世纪末起,日记体小说在欧洲得到很大发展,曾风行一时,出现了不少名著,我们所熟知的《鲁滨逊漂流记》就是类似的作品,清末时甚至有人将此作书名直接译作《绝岛日记》([英]笛福:《绝岛日记》,周砥译,群益书社1910年版)。这类小说在清末传入中国,经由林纾等众多译家的介绍,为中国读者所熟悉,有相当一批作家已从中敏感地意识到了日记体作品在描摹人物内心时的巨大优势。

西方小说传入的种种新的表现技巧,如小说的叙述方式、心理描写、氛围渲染等,对渴望求变的中国小说家是富于诱惑力的,他们始而惊异,继而佩服,最后起而借鉴模仿。如林纾这样颇为自负的古文家也曾屡屡肯定西方的小说技巧,对司各特、狄更斯等人的作品推崇备至，并在文章中对西方小说理论加以引申发挥。清末民初的小说家，虽然对西方小说的理论和表现技巧并未能作出有系统、有深度的研究，但他们在一些序跋、评语、随感以及论文中，已经开始注意发表关于小说的理论见解；如有译者在翻译《鲁宾逊漂流记》时特地提到该书与中国传统小说不同的叙述方式："原书全为鲁宾孙白叙之语，盖日记体例也，与中国小说体例全然不同。若改为中国小说体例，则费事而且无味。中国事事物物皆当革新，小说何独不然！故仍原书日记体例译之。"（林纾：《〈鲁宾逊漂流记〉译者识语》，见[英]笛福：《鲁滨逊漂流记》，林纾、曾宗巩译，商务印书馆1905年版）而他们在创作实践中所受西方小说的影响更来得直接、迅速和广泛，如吴趼人创作《九命奇冤》时就直接模仿了周桂笙翻译的法国鲍福《毒蛇圈》的用对话开篇的全新写法。1907年他发表《黑籍冤魂》（趼：《黑籍冤魂》，刊《月月小说》，1907年第1卷第4期），小说写"我"在晚上从张园开了戒烟会回家，路遇一名行将倒毙的烟客。烟客在将亲手所写的一册本子交给"我"后即死去。"我"回家后一看，原来这册残破不全的本子是他一生的自传。整篇小说即是烟客的忏悔录，用的是第一人称。这种以"我"的所见所闻作为引子，然后引出他人故事的叙述方法，给人以更强烈的真实性以及更细腻的人物内心展示，正是西方小说喜用的手法之一。郁达夫曾夫子自道："这是作者使读者容易感到Reality的笔法，凡有过做小说的经验的人，都喜欢用。"（郁达夫：《读〈兰生弟的日记〉》，刊《现代评论》，1926年第4卷第90期；徐祖正：《兰生弟的日记》，北新书局1926年版）这种小说创作方法曾流行了很长时间，二十余年后茅盾写日记体小说《腐蚀》，借鉴的就是这一方法。

中国现代以日记体裁公开发表的文学类作品，自徐枕亚的《雪鸿泪史》起，数量惊人，其中不少为文学史名篇，如周瘦鹃的《亡国奴之日记》，鲁迅的《狂人日记》，倪贻德的《玄武湖之秋》，穆时英的《贫士日记》，丰子恺的《教师日记》，章衣萍的《倚枕日记》，茅盾的《腐蚀》，张天翼的《鬼土日记》和《黑的微笑》，沈从文的《篁君日记》和《一个妇人日记》，巴金的《第四病室》和《海上梦》等；女作家情感丰富，似乎更喜欢这种特殊题材，作品也更丰富，几乎大多数女作家都写过日记体作品，如冰心的《疯人笔记》，谢冰莹的《从军日记》，丁玲的《莎菲女士的日记》和《自杀日记》，石评梅的《祷告》和《林楠的日记》，冯铿的《女同志马英的日记》和《遇合》，庐隐的《曼丽》《丽石的日记》《一个情妇的日记》和《父亲》等。郁达夫的《日记九种》则融合了真人日记和文学创作的不同成分，比较另类。

鲁迅的《狂人日记》发表较早，影响也较大（鲁迅：《狂人日记》，刊《新青年》，1918年第4卷第5期），它由13则日记组成，记录了"狂人"的精神状态和心理活动，揭露了专制社会中礼教"吃人"的本质，被誉为是"中国现代文学史上第一篇白话小说"。近年，则有人注意从日记文体这一角度来评价鲁迅的《狂人日记》。李欧梵在谈到这篇名作时认为："这个故事的重要性并不在于它对现代白话的使用，也不尽然是在于它所传达出的中国传统政治文化的吃人特质（鲁迅并不是第一个采用'礼教吃人'这个主题的作家）：它的独特之处在于鲁迅前所未有地以日记方式来强化一个主观的观点。在这个故事中，主角种种心理上的狂喊叫嚷是要放在一个日记的架构之中。"（李欧梵：《现代性的追求》，生活•读书•新知三联书店2000年版，第59页）实际上，这种文体的影响在当时丝毫不亚于所谓的思想内容，而且可能更甚，毕竟表面的形式远比内在的东西更易学，容易模仿。现代文学史上日记体小说的繁盛就很能说明问题。除了纯日记体小说以外，当时还有一种日记体的报告文学也比较流行，如茅盾1948年出版的《苏联见闻录》（茅盾：《苏联见闻录》，上海开明书店1948年版），是他当时的访苏见闻，包括1946年12月5日到次年4月25日130多篇日记及31篇访问记。这些日记或长或短，叙写简洁生动，信息量大，涉及二次大战后苏联的政治、军事、经济、文化、教育等社会生活的各个方面。日记涉面广泛，重要的日记内容又有访问记加以详述，两者可谓相得益彰，实际就是由若干日记和访问记连缀而成的报告文学，但给人的真实性和现场感更要强化。作品很受欢迎，在不到一年的时间内连出了5版。类似的作品较有影响的还有谢冰莹反映北伐战争的《从军日记》等。

作为文学作品发表的日记只是一种特殊的体裁，日记的常态应该还是纪实性很强的私密写作，当然它可以有多种风格，甚至很抒情。近代文人中写有日记的不在少数，其内容风格更是如繁花盛开，摇曳有致，难以尽言。日记分类有各种分法，专家学者多各抒己见，繁简不一，出入很大。邹振环将日记分成14大类(邹振环：《日记文献的分类与史料价值》，刊《复旦史学集刊》第一辑《古代中国：传统与变革》，复旦大学出版社2005年版)，非常细致，可谓详尽。其实，如果化繁为简，约略分之，日记的形态大致不出这么三种：（1）排日记事体。只记对己而言之要事，如发生何事、做了何事、何人来访、买了何书等，篇幅简短，内容简洁，一般不做议论或极少议论，甚至有不少只有自己知晓的隐语或缩略语，只为备忘而已。此可以绍兴周氏兄弟日记为代表。（2）志感抒情体。依个人兴致和情绪而详略不一。兴致高时记得很详尽，事情缘由、人物对话、自己看法、感情抒发，甚至一些涉及隐私的内容等都应有尽有；情绪低落时，可能几天、几周甚至几月都不着一字，即使开笔，也草草了事，似乎心不在焉。当然，这种情况也有非个人原因而导致的，如因形势事态紧张而不得已等，需视情而论。此可以郁达夫、徐志摩日记为代表。（3）综合体。大事小事往往都记，大至国际、国内要事，小至个人周围琐事，甚至节日假日、天气变化等，都一一记录在案。主人而且往往心态平衡、情绪稳定，一记就是数十年，很少有个人原因而停笔不记的。这类日记的主人如果地位重要，交游广泛，其日记的史料价值之重要则不言而喻。此可以赵元任、胡适、竺可桢诸人日记为代表。

上述分类，虽然很难在现存的众多日记中准确定位，一一对号入座，但大致可以找到相近的类型，如《鲁迅日记》就和第一类基本相似。
鲁迅的日记主要是写给自己看的，很多事就是寥寥几笔，
留下一点痕迹而已，旁人可能根本看不出什么奥秘。如
鲁迅和周作人的关系一直很密切，而这种友好的关系维
持到1923年的上半年就戛然而止了，在1923年7月14
日的日记中鲁迅突然写道："是夜始改在自室吃饭，自
具一肴，此可记也。"显然，这天发生了什么事导致兄
弟失和，因周氏兄弟原来一直是在一起用餐的。但鲁迅
就是不写具体原因，让后人摸不着一点头脑。到了7月
19日，鲁迅又记："上午启孟自持信来，后邀欲问之，
不至。"同样是极简洁，没有一句多余的话，兄弟俩从

周作人像

失和到绝交的原因还是不明。再读下去，我们在鲁迅的日记里看到的是他忙着寻找租房，先从八道湾胡同11号院搬了出去，同年8月迁至砖塔胡同61号居住，以后一直到生命终结，他都未在这方面再写一个字。同样，你要在同时期周作人的日记里寻找原因，一样会失望而归。这也导致了以后虽然有不少人撰文讨论，但周氏兄弟失和原因却至今仍无法说得很清楚。其实不止是私事，就是像"五四运动""四一二大屠杀"等足以改变中国近代史的大事，在鲁迅日记里也很难看到他有什么记载或发什么议论，当然，鲁迅绝不是对此漠不关心，只能说他有他的考虑，在给自己看的日记里写些什么他自己很清楚，日记的功能对他来说就是如此简单。而郁达夫则截然不同，他是"志感抒情体"日记的代表人物。他在日记里详细真实地记录下国家社会发生的重大事件，浓墨重彩地描绘个人家庭生活中的点点滴滴，而且大发议论，直抒胸臆，很多篇章堪称优美的散文，甚至可构成一部抒情小说的片段。对郁达夫来说，日记就是创作，没有什么不可写的。他认为："在日记里，无论什么话，什么幻想，什么不近人情的事情，全可以自由自在地记叙下来，人家不会说你在说谎。"（郁达夫：《日记文学》，刊《洪水》，1927年第3卷第32期）郁达夫日记和鲁迅日记几乎就可以说是两个极端。

如果论日记的文献史料性，那么，综合体的日记可能是最有参考价值的。撰写这类日记的人似乎以科学家为多，他们人生态度严谨，大事认真，小节也绝不怠慢，为人治学一丝不苟，几十年如一日，很少有大的波动变化。2014年5月，上海科技教育出版社出齐全部共24卷的《竺可桢日记》，约2000万字，其中日记部分（1936—1974年，1923—1935年的日记已毁于战火）为第6—21卷，近1300万字，占了全集容量的三分之二，令人震撼。竺可桢日记涉及的内容非常广博，除了长年对气象、物候的关注与记录以外，更多的笔墨则记述与评论国内外重要事件、日常工作和生活感触，以及与社会各界人士的往来、考察与旅游时的所见所闻等。更可贵的是，他的日记是写给自己看的，生前从未示人，去世后始由夫人陈汲女士捐赠给国家。

竺可桢记日记很详细，甚至很琐碎，几天如此尚不稀奇，坚持几十年就堪称奇迹了，而这完全是因有一种信念在背后支撑。他曾不止一次在日记中写到英国小说家班内特（Arnold Bennett）的话："日记的第一要义就是真实，如果不真实，就毫无意义。日记和小说正好相反，小说的价值天长日久慢慢会减低，日记的价值越来越高。几百年之后，哪怕是很琐碎的事，都是很宝贵的材料。"这真是科学家的眼光。竺可桢是气象学家，因职业的关系，在日记中对天气的记录尤其体现出其严谨的科学作风，如："晨阴，仍下雪片，迄晚雪不止。"再如："晨晴，下午阴，晚七点后微雨。"科学家的严谨在这寥寥数字间显得格外清晰。和竺可桢相类似的还有语言学家赵元任，他从1906年到1982年，记了70余年的日记，从未间断；他还有保存各种纸页文件的习惯，他过世后保存下来的档案据说有23万件之多。我曾在加州大学伯克利分校东亚图书馆大致翻过他的这些日记，其内容之丰富，可以叹为观止来形容。像竺可桢、赵元任这类日记，人物地位重要，涉及面广泛，所记内容详细，体量庞大，它们的文献史料价值是难以估量的。

三、日记的文献价值

历代日记，多为排日记事的纪实文本，蕴藏着丰富的史料文献，其中包含当时的时代背景、经济动态、社会生活、风俗习惯、亲朋往来、私人生活等不同侧面，内容包罗万象，底蕴丰厚，取汲不尽，任何一个领域的学者都可能从中发现自己需要的材料。王韬《蘅花馆日记》中关于海上摄影前辈李阁朗、罗元佑的记载，因出自王韬本人体验，是其亲历亲见，故被史家视为上海早期摄影界最珍贵的第一手文献，自披露以后，已成为众多相关著作和论文的必引文献。孙宝瑄《忘山庐日记》中有关在张园观看电影的记载同样引起史家的关注。关于电影在中国的首次放映时间，以前一直认为是1896年8月于上海徐园。近年，有学者撰文详细考证，认为徐园放映的只是幻灯，电影的首次放映实际发生于1897年5月22日的上海礼查饭店（黄德泉：《电影初到上海考》，刊《电影艺术》，2007年第3期）。然礼查饭店是当时上海最高级的饭店，住宿的都是是外国人，故这天放映也只是专为西人服务的小范围试映，真正大范围向中国人公映电影的地方是上海张园（即张氏味莼园）安垲第大洋房。具体是哪一天呢？细心的孙宝瑄在这年6月4日的日记中作了记载："夜，诣味莼园，览电光影戏。观者蚁聚，俄，群灯熄，白布间映车马人物变动如生，极奇。能作水滕烟起，使人忘其为幻影。"（孙宝瑄：《忘山庐日记》，上海古籍出版社1983年版）孙宝瑄的这一记载，可以说是目前所知中国人对电影这一新鲜事物的最早观感，目前已被电影史界所公认。

大千世界是变幻无常的魔方，可以被各种力量操控，旋转出五彩斑斓的界面，人们看到的结局往往并非事情的真相，有的带了面具，有的抹了淡彩浓妆，有的则干脆被完全颠覆。相比较而言，在诸般文体中，日记也许是较少修饰，最能弥补这

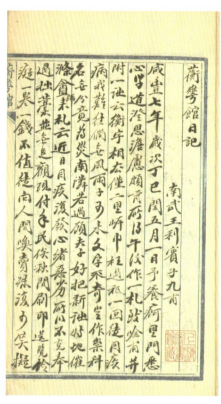 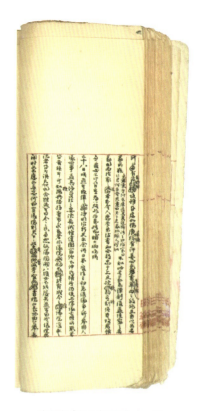

王韬《蘅花馆日记》之一页　　　　孙宝瑄《忘山庐日记》之一页

种缺憾的作品，它的史料价值也往往就在这时体现出来：它记载了事情的来龙去脉，还原了被歪曲了的事实，录下了一些可能不足为外人道的轶事逸闻，旁者后人如有幸能读到它们，自然会感慨万千，茅塞顿开，阅读的收获与仅仅只是浏览公开出版物自然不可能等量齐观。这方面，名导演蔡楚生日记中有关影片《王老五》的艰难拍摄、被删改后仓促上映和1949年后谋求复映等记载当为很有意义的一例。

《王老五》是蔡楚生1937年初拍摄的影片，男女主角分别由王次龙和蓝苹（江青）饰演，这也是蓝苹从影以来第一次担任主角。影片写流浪汉王老五其貌不扬，但秉性善良，因家贫，年三十五仍未娶成家，却单恋着邻家泼辣的穷姑娘。不久，穷姑娘老父去世，无力安葬，王老五仗义相助，博得穷姑娘的好感，终于以身相许。婚后他们生养了四个儿女，生活益窘。不久"一·二八"战事起，汉奸工头企图收买王老五纵火烧毁棚户区，王老五识破汉奸用意，因与汉奸斗争而被杀，家也被火烧了，王老五的老婆在血泊中觉悟了，她抬起头来，准备承担生活的重担。影片具有很强的现实意义，属于"国防电影"之列。影片拍摄了约半年，到1937年夏已基本完工，只剩一些扫尾工作。全面抗战爆发后，原有的一切都随之发生了变化，《王老五》的进展和公映也因此延宕下来，并且一拖就是好几个月。1938年4月3日，该片首映于新光大戏院，一些敏感的观众（特别是以前曾和蔡楚生并肩工作过的朋友）发现影片和原先发布的电影故事不尽相符，尤其是影片结尾部分作了很大改动，原来汉奸工头企图收买王老五纵火烧毁工棚，王老五因觉悟拒绝而被杀害等情节都被删去，而代之以这样"温馨"的结尾：王老五的朋友阿毛终因贫穷离开了痛苦的人世，他老婆呼天抢地，懊丧自己以往对丈夫欺凌太甚。王老五的老婆看在眼里，也深悔自己对待丈夫过于严酷。回到家里，她向老五哭着忏悔前非，"从此夫妻间显得融融泄泄，亲密逾恒"（张伟：《当年〈王老五〉》，见张伟：《都市·电影·传媒——民国电影笔记》，同济大学出版社2010年版）。他们立即将有关《王老五》的种种情况发函告知了正在香港的蔡楚生。也就在《王老五》于上海首映后的第20天——1938年4月22日，蔡楚生在这天的日记中记录了此事："七时返苏怡兄处，得李一、汉臣、培元等来函，汉臣函中夹有《王老五》被"斩脚"之本事。李一函嘱我发表对被割裂后之《王老五》意见，乃草一公开函。因颇倦，深夜二时余始竣事。"（蔡小云等主编：《蔡楚生文集》第3卷，中国广播电视出版社2006年版）

蔡楚生的这封公开函后来在上海公开发表，他在信中写道："我虽然已经离开上海，却仍被在鼻子上抹上白粉，被莫名其妙地推到观众面前的台上去跳跃一番，又被莫名其妙地推下来，想到这些，眼球不免有些湿润。"蔡楚生申明：现在大家看到的《王老五》已经是"只有残骸而没有灵魂的作品了"（《〈王老五〉编导蔡楚生给本报的信》，载《电星》1938年第1卷第13期）。读此日记并结合蔡楚生发表的公开函，我们才能知道影片《王老五》被删改的真相，而蔡小云等主编《蔡楚生文集》时显然并不知道此事的来龙去脉，故收录的正是"孤岛"时期被阉割肢解过的那个版本，令人十分遗憾（蔡小云等主编：《蔡楚生文集》第1卷，中国广播电视出版社2006年版）。本来，事情到此就应该结束了，但蔡楚生在日记中还记载了有关此片在建国后的一件轶事，也颇值玩味。1949年，蒋介石败退台湾，大陆解放，蔡楚生此时已成为新政府电影部门的一个重要负责人。当时，由原"联华"一些成员组成的文华影业公司接收了"联华"的部分资产，他们想拿出部分旧片来放映以获取一些营业收入，其中就包括《王老五》。因事涉敏感，他们在上海打了一个电报向正在北京的蔡楚生请示。蔡在日记中记载了此事：

1949年7月30日

影界集者约近百人，以周副主席未至，即先事看太原、淮海等战役之新闻片，复由吴本立、翟超两摄影师谈战地摄影的经过。十时余周副主席至，我首以"文华"来电拟复映《王老五》（因片中毛夫人任女主角，"文华"未敢造次）事，请示于周，周为纵笑，并答允征毛夫人之同意。

1949年8月1日

柯灵来，云明日将返沪，彼见"文华"致我之电，乃为挠头不已。……草致邦藩、

包天笑《钏影楼日记》封面

陆洁二先生函,告以《王老五》复映事接洽之经过,并云如复映,需附一字幕于片末:"本片尚有'抗日除奸'之收场,但已于抗战初期时被国民党的反动政府强迫剪去,足见其媚敌之一斑。"此函即自送请柯灵兄携沪。

(蔡小云等主编:《蔡楚生文集》第3卷,中国广播电视出版社2006年版)

现在已无法知道由"毛夫人任女主角"的《王老五》当年是否真的复映过,但从蔡楚生的"片言只语"中,我们还是能真切地感受到当时因"人事沉浮"而带来的那种微妙氛围,以及在这种氛围之下人们谨小慎微的言行。

日记是私家文献,在很多方面,它往往能和公开报道起到互相印证、补充的作用。1925年爆发于上海的五卅运动是中国现代史上的一件大事,围绕于此的文献汗牛充栋,但大都是公开发表的报道,私家文献极少,这方面,包天笑的《钏影楼日记》(稿本,上海图书馆收藏)可说是难得一例。包天笑是晚清民初文坛著名人物,长期居住上海,在报界和文学界都有很大影响。他以一介文人的身份,在日记中以私人视角对五卅运动整个过程作了连续记录,其中颇多生动细节,堪称最直接的第一手文献,弥足珍贵。兹节录部分,以见一斑:

1925年5月30日

今日三点半钟,学生以救援上次被捕学生与捕房冲突,在南京路之巡捕房门口印捕放枪,死四人,受伤者十余人。形势极严重。晚九点钟,日报公会在商会开紧急会,商议登载新闻事。

1925年5月31日 雨

今日上海市民大愤激,运动租界全市罢市、罢课、罢工。下午三点钟,开各界

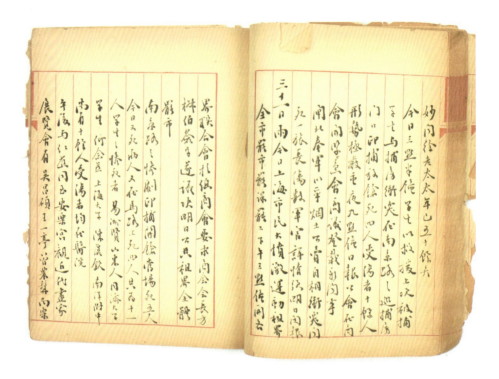

包天笑日记中关于五卅运动的记载

联合会于总商会，要求商会会长方椒伯签字。遂议决明日公共租界全体罢市。

南京路之惨剧，印捕开枪，当场死五人，今日又死两人，又在马路上死四人，共为十一人。学生之惨死者：易洲贤，山东人，同济大学学生；何念兹，上海大学；陈虞钦，南洋附中。尚有十余人受伤者均在医院。

日报公会开会，取一致之态度，而《时报》独否，颇为人所不满。

1925年6月1日　星期一　天雨

上海公共租界实行罢工，惟粮食店等虽上店门，仍做生意。各路电车至下午亦停。华童公学学生罢课，华、闳两儿均在家。各学堂均于今日始罢课，风潮扩大。

传闻南京路天蟾舞台相近，以群众阻电车、掷石子，印捕及西捕又开枪死三人，伤十余人。闻明日银行、钱庄均罢工，印刷业之商务、中华，今日下午始罢工。

1925年6月2日　晴

罢市风潮益扩大。南京路西自新世界，东至河南路，断绝交通。学生到处为激烈之演说，各报馆均撤去文艺栏，独《时报》之"小时报"不撤。

有上海学术团体对外联合会者出一日报，曰《公理日报》，共为十团体（少年中国学会、中华学艺会、太平洋杂志社、孤军杂志社、学术研究会、醒狮周报社、上海世界语学会、上海通信图书馆、文学研究会、妇女问题研究会、中国科学社上海社友会）。彼之主张计对英人之要求条件如下：

一、收回全国英租界。
二、英政府向中国道歉。
三、立刻释放被捕学生。
四、要求英政府惩办肇事捕头及巡捕西捕头爱伏孙及其他凶手，一律抵偿生命。
五、要求优恤死者。
六、要求赔偿伤者损失。

对于现在之进行：
一、全国实行排斥英货。
二、凡在英国私人或机关中服务者一律退出。
三、全国不售任何物品与英国人。

1925 年 6 月 3 日　晴

天气大热。华童公学四学联合会要求撰一传单，乃为撰一群众歌。

罢市风潮仍激烈，钱庄、银行实行加入，金融完全停顿。码头小工罢工，船舶到码头无人起卸货物。西报排字工人停工，西报仅出全份之半，文汇报以油印代印刷。电话局自昨日起接线生即罢工，各处电话已打不通。商务、中华承昨日罢工一天后日即上工，以工资补助英、日工人之罢工者。

1925 年 6 月 4 日　晴

省派蒋竹庄、徐兰墅及廖君来调停，系促虞洽卿、许秋飈。又派蔡廷干、曾宗鉴来沪办交涉，闻已动身。

杨树浦方面因为日人枪毙一工人。捕房搜查东亚、大东两旅馆，解散上海大学。约翰大学因学生悬国旗，与校长卜舫济冲突，六百余学生全体退学。各洋行界华职员有不愿上工消息。

夜与大雄、窥豹诸君走访各妓院，西商团防线展至福州路及华、英交界处。

1925 年 6 月 5 日　阴

各界小菜场罢市，肉店罢市，各学校有茹素者。北火车站所贴之传单五花六门，并有种种图画，绘出华人被惨杀之情状，人心仍愤激。下午华巡捕一部分罢工。

今日法租界罢市，但云明日即开市。

午后偕大雄往访日副领长冈君通波多博尔，在日人甚畏此风潮。

夜见西商团至山东路一带，拉人驱往巡捕房搜索。十一点半自望平街归，道经南京路、河南路，行人均被检查。

1925年6月6日　上午雨，晚晴

捕房又搜查各大学。罢市仍照常，至今日为第六日矣。猪肉每斤售大洋半元。面包店尽罢业，面包无购处。

夜八点钟时，海宁路顺征里虞洽卿公馆内有人掷一炸弹，震碎门窗玻璃五扇，并未伤人。各洋行罢工者续续未已。

沪宁路快慢车不停真如站，因学生于车站及列车中每上车讲演也。

1925年6月7日　晴，夜又雨，乍晴乍雨，盖黄梅天气也

罢市第七日矣。

《时报》之售"图画周刊"者，于晚间捕去售报者二十余人。

1925年6月16日　晴

以前九日均未作日记，今又蝉联矣。上海罢市至今为第十六日，仍未开市。

海员罢工益扩大海轮及江轮，至上海后均未能出口。各工厂多数上工，各学校除小学校有上课者，其余均未上课。

北京所派之特派员除蔡、曾、许、阮外，郑谦亦来沪（江苏省长），张学良亦来沪，携有教导队二千人（俗称学兵）。

交涉员根据商会所提出之十二条件进行交涉，而工商学联合会殊未满意，若新出之，公理、热血、民族各报群起反对。

1925年6月17日　晴

今日闸北开市民大会，游行过北火车站以及宝山路，为群众示威运动，沿途拆去大英牌香烟广告无数，踏去日货之草帽等等，各纱厂、蛋厂女工亦作游行。

1925年6月18日　晴

今日仍罢市。闻交涉有停顿之势。以吾国特派员提出商会议决之十三条，六国委员以权限问题不允议。当夜，六国委员团以夜车行赴京。此事误于商会。盖最初工商学联合会提先决条件，待交涉就绪即行开市。而总商会必欲另提十三条，一次交出。六国委员团当然不能应允，遂致破裂。

1925年6月25日　天晴

是日阴历为五月五日，端午，已定于明日开市。自六月一日罢市至此，共二十五日矣。

以罢市故，端午节账多有未能如期照付者，余家如裁缝、紫店、酱油、炭基等

小本经纪均照付，米店亦是六成。

1925年6月26日　晴
今日晨上海各马路均开市，惟虹口之广帮以沙面事尚未肯开市。

包天笑的这些记述，因是亲身经历，又是记在不予发表的日记中，真实性不容置疑，因而难得。而且，他虽是一位有身份的名作家，但却不身居任何官职，不涉及任何相关方面的利益，只是一个普通市民，一个有着两个学生儿子的家长，所以，他的记述既有事关高级层面的大事，更多的却是和普通市民的生活有着密切关系的琐事，接地气是一大特色，如：上海总商会和工商学联合会之间的谈判条件分歧；各报馆中唯《时报》一家的特出独立；张学良在敏感时间亲率二千教导队到上海的细节；《文汇报》因排字工人罢工只能以油印代替铅印的琐事；端午佳节，商家除酱油、煤球等"小本经纪"之外，其余打破商界"三节结账"之惯例，一律延期偿付的世俗人情；包天笑为学生联合会撰写支持学生游行歌词的轶事等，既饶有味道，又耐人寻味，是史家不容忽视的生动材料，可补正史。

《钏影楼日记》中这种细节特征比比皆是，而这正是日记，尤其是文人日记最值得关注的地方。我们强调日记的史料价值，并非其中一定蕴藏着什么一言九鼎的重要言论，或者能推翻既有结论的重大史实——这样的可能性并不大，而是它往往能在大容量的平实叙述中复原当时的场景，充实众多被忽略的细节，并让这种场景立体丰满起来，给人以身临其境的感觉。这里且再举一例。包天笑的大儿子包可永时正在德国留学，须用外汇，由包天笑定期用银元换成美金，再从上海银行汇到德国。当时美金和银两及银元的兑换价格很复杂，牵涉各种因素，目前的一些学术论文在涉及此问题时，引用的来源各异，其价格数字也各不相同。包天笑《钏影楼日记》在1925年5月13日所记中正好有一实例，可作参考——这是当时的正式交易，其汇兑价格堪称可靠：

1925年5月13日
午后林康侯来电话，报告托渠所购划之美金百元，计银一百三十二两八九，合洋一百八十三元三角。午后访芥尘，拟以上海地产公司股票千元向芥处押洋四百元（引者注：后实际押得洋三百元）。时芥以本日之晚将随张汉卿等北行（能毅亦同行），以兹事托查士端办，约明日交割。又访康侯，德国汇款美金百元已由上海银行汇去。

专家学者，因其地位高、影响大，更因其学识丰厚、见识深刻，故发表的文字、看法会引起更大的关注，其价值也自比一般人所写文字有所不同。这种看法和文字如在不虞为人阅见的日记中所展示，则更可能是凝聚了其内心最真实睿智的一面，顾准的《商城日记》是鲜明一例（见《顾准日记》中的"商城日记"部分，经济日报出版社1997年版）。

顾准是中国现代最具影响的经济学家之一，在那场为祸惨烈的"反右派"运动中不幸中箭，带上了"右派"帽子。1959年3月13日，时年44岁的顾准与中国科学院的另外5名"右派"一道被遣送至河南省信阳地区商城县劳动改造。起先他们随下放干部在西大畈国营农场劳动，后来商城县委执意将他们6人调到了铁佛寺水库工地，和省城郑州、商城本地"右派"集中监管劳改，1960年1月19日，6名右派获准回到北京。现在所见的顾准的《商城日记》就记于1959年10月至1960年1月这难忘的商城劳改期间。值得我们关注的是顾准经济学家的身份和1959—1960年这不同寻常的时间。前者让顾准更关注国计民生，在日记中比比皆见其关于粮价问题、农民问题的思考和忧虑；而后者正是浮夸风盛起而导致全国性大饥饿的惨烈年份。顾准以亲历者的身份真实记录了那个惨绝人寰的时刻。商城的大饥饿从1959年初冬开始，直到1960年仲春第一批瓜果长出才略有好转。根据商城县委的官方文件，在此期间商城县共死亡人口96256人，占全县总人口的21.7%；死绝的村庄453个；撇下孤老2447人，孤儿3667人。顾准亲历了这惨烈的一切，并仔细观察和记录了它们，而根据顾准估计，这种状况应该是全国范围的。他在1960年1月18日的日记中写道："59年的旱灾，看来是以湖北为中心，二头扩展的。河南确定还算较好的。"顾准在《商城日记》中还提供了一份震撼人心的名单：1959年商城右派劳动队部分队员名单。根据商城县委1959年4月编撰的官方文件《右派分子汇集》所列：全县公职人员2659人，划为右派者456人（不包括6名"畏罪自杀者"），所占比例为17.1%。多么惊心触目的数字！须知，这还只是农村的一个县，还不是知识分子集中的城市！全国有多少个县？全国又有多少个城市？这血淋淋的数字远比官方公布的文件可靠！这就是日记的价值和力量！

四、日记的已刊与未刊

近代以来，文人的日记越来越受到重视，刊布流传的也越来越多，以此为题材撰文论说的更不在少数。当然，这些论文论述的对象一般都是已经整理发表的日记，如《鲁迅日记》《郁达夫日记》《胡适日记》《吴宓日记》和李慈铭《越缦堂日记》、孙宝瑄《忘山庐日记》等。这些日记的主人地位高、名气响，日记篇幅一般都比较大，涉及的人物、事件也都较为广泛，其研究价值不言而喻。如果说，已刊日记正在受到学术界的普遍关注，存在的问题只是研究力度的深和浅，研究范围的广和窄的话，那么，目前由于种种原因还"藏在深闺"、尚未广为人知的未刊日记，对它们的关注和研究显然基本上还是空白。造成这种遗憾的原因很多：第一，正因为"藏在深闺"，知道其存世的人自然不会多，几无人晓的情况也完全有可能存在，"皮之不存，毛将焉附"，如此自然完全谈不上研究了。第二，和已刊日记相比，未刊日记主人的知名度往往不高，学界不知其为何人的情况并不少见，故库藏多年也无人问津，寂寞已成常态。第三，日记的可读性一般不高，阅读人群比较狭窄，它的价值更多的是作为一种研究文献而存在，刊行的经济效益不明显，甚至有可能亏本，出版社难以产生兴趣。第四，未刊日记都是稿本或抄本，每人写字风格不一，字迹一般都比较潦草，有的还十分难辨，要找到合格的识辨专家实属不易；何况，有的未刊日记篇幅浩大，真要投入整理，谋求出版，耗时耗工，出版社难以承担。上述几条是未刊日记长期无法整理出版的主要原因。

不过，尚未整理出版的未刊日记中蕴藏着大量富矿，理应受到人们重视。如作为商务印书馆早期重要人物的蒋维乔，其一生经历丰富，涉及许多重要的人、事、物。他长期坚持记日记，并都得到很好的保存。现收藏于上海图书馆的蒋维乔《因是斋日记》手稿，起于1896年，终于1958年，时间跨度长达62年，数量多达81册，为近代所罕见。其日记由于主人地位重要、经历丰富、时间跨度长而价值突出，比如蒋维乔在1900年前后几乎全程参与了"商务"改革教科书的工作，并亲自参加了教材的编写，故其日记中相关记载就显得格外重要，一直受到研究者的关注和重视。近闻蒋维乔的这部《因是斋日记》手稿有望由中华书局影印出版，洵为学界之一大盛事。

与此相同的例子还有包天笑日记、刘承幹日记等。

包天笑（1876—1973），江苏吴县人。字朗孙，笔名天笑、钏影楼主等。他的日记就以《钏影楼日记》命名。他是晚清民国著名作家，曾主编《苏州白话报》《妇女时报》《小说时报》《小说大观》《小说画报》《星期》等。著有《一缕麻》《上海春秋》《留芳记》《馨儿就学记》，译有《迦因小传》《空谷兰》《梅花落》等。部分作品还改编成电影，在当时影响很大。晚年撰有《钏影楼回忆录》。他的日记今存15册，红格单鱼尾十行笺，始于1925年，至1940年，历时十五年。日记所叙洋洋大观，对其与上海滩报人、出版大佬、文坛干将等交游情状多有记录，于多册末记有人名与住址，并时常贴有剪报。《钏影楼日记》与《钏影楼回忆录》堪称合璧，为研究上海旧文坛，特别是鸳鸯蝴蝶派不可缺失的第一手资料。

刘承幹（1882—1963），字翰怡，号贞一，浙江吴兴南浔镇（今湖州市）人。他是著名藏书楼嘉业堂主人，故结交多版本家、收藏家，如缪荃孙、叶德辉、王培孙、张元济、顾廷龙、王欣夫等。刻有《嘉业堂丛书》《求恕斋丛书》《影宋四史》《旧五代史注》等。著有《嘉业堂藏书目录》《嘉业堂藏书提要》《嘉业堂善本书影》等。他的日记名《求恕斋日记》，记事起于1910年而终于1960年，共计51册。卷内主要记载了他一生购书、藏书、读书、校书、刻书之嗜。如1915年和1918年年底专门记下了其购书之费用分别为24783.60元和22545.43元；同时记录下了民国初年上海遗老们的生活，以及历年在沪和南浔所发生的大事：如1911年革命党筹款，1917年盛宣怀大出殡，1927年北伐军进入上海，"一·二八淞沪抗战"，1949年

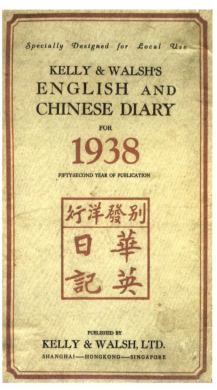

康嗣群1938年日记封面

上海解放等，文献史料非常丰富，颇具参考价值。

以上均为大部头的未刊日记，洋洋上百万言，以所记年份久，史料丰富而见长，受到学界重视理所当然。相比之下，有些日记虽然年份短，篇幅小，有的甚至残缺不全，并不完整，但往往有其独特之处，其文献价值同样不容忽视。

这里，我们且以康嗣群的日记（稿本，上海图书馆收藏）为例略作阐述。

康嗣群（1910—1969），陕西城固人。出身金融世家，为四川财阀康心如的长子。少年时代就读于天津南开中学，20年代末到上海进入复旦读书，后去北平，入读北大。与鲁迅、周作人等文坛名家多有来往，并在《语丝》《现代》等刊物上发表诗文。30年代，曾和施蛰存合办《文饭小品》。1949年出任文化生活出版社总经理。

康嗣群日记现仅见1938年一册，起于1月1日，迄于11月8日，记在一本别发洋行发行的"1938年华英日记"本上。1937年上海沦为"孤岛"后，康家控制的美丰银行收束在沪业务，康嗣群作为康家长子奉父命留沪，主持上海分行业务。当时，康嗣群妻儿均随康父撤往重庆，康嗣群形单影孤，思妻念子，陪伴他的只有不多的一些朋友，故在日记中引人瞩目的是其强烈的感情抒发和其与朋友们的频频往来。当时，和康嗣群交往比较密切的有靳以、巴金、吴朗西、索菲等；1938年10月他离沪赴渝逗留香港期间，来往较多的有萧乾、戴望舒、施蛰存、胡仲持等。这些交往不但是可读性较强的掌故，也可作新文学史料参考。康嗣群算不上名人，在朋友圈中也不是核心人物，这使他的写作少了矫饰和故作姿态的必要，也因此而更具价值。康嗣群日记中最值得重视的，是在抗战特殊环境中一个自由文人的阅读感想，如他几乎在第一时间就阅读了巴金的《春》和复社发行的《鲁迅全集》，特别是Edgar Snow（埃德加·斯诺）的《Red Star over China》（《红星照耀中国》，中译本改名为《西行漫记》），并记下了自己的感想。这些忠实的记载，代表了国统区中很多知识分子对共产党从不理解到心存同情再到隐约怀有某种期许的心路历程，这其实正是那一代知识分子人心向背的一种悄然体现，也是国民党失去民心的时间长链中的重要一环。高楼大厦就是这样因地基松动而导致一层一层倒塌的。

康嗣群日记（1938年1月24日）：购斯诺《西行漫记》英文版

同样，傅彦长日记（稿本，上海图书馆收藏）也是一例，它的价值可能体现在一些琐细之事的叙述当中，而这些琐事细节又往往能让某些枯燥干瘪的历史场景瞬时丰满起来，并勾连起我们的强烈兴趣，为之眼睛一亮。在中国现代文化史上，傅彦长是一个"失忆"人物，各类辞典大都不载他的名字，有关的研究论文中也几乎不见他的踪影。但时间若上溯八九十年，傅彦长却是一个相当活跃的人物。

傅彦长（1891—1962？），湖南宁乡人。笔名包罗多、穆罗茶等。早年曾在上海专科师范学校、上海务本女校等校任教。后留学日本，约1926年回国，在上海艺术大学、中华艺术学校、中国公学、同济大学等校教授艺术理论和西方艺术史，并出任上海音乐会会长。与创造社、南国社、新月社、狮吼社诸人关系密切。参与创办卿云图书公司，主编《雅典》月刊、《艺术界周刊》、《音乐界》等，著述有《艺术三家言》（与朱应鹏、张若谷合著）、《十六年之杂碎》、《西洋史ABC》、《东

 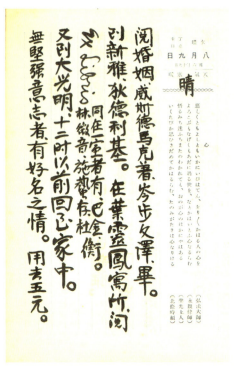

傅彦长日记（1927年5月29日）：记载谭抒真首次参加工部局乐队演出　　傅彦长日记（1933年8月9日）：记载和巴金、施蛰存等一起在叶灵凤寓所听他讲述藏书票的故事

洋史ABC》等。他是20世纪二三十年代知名的自由派作家，对西方艺术较有研究，特别在现代音乐史上有一定影响。

　　傅彦长日记多有散失，留存下来的有1927年、1929年、1930年、1932年、1933年、1936年等几册，及1944年和50年代初的一些零星日记。其所记特点为零碎、跳跃，多琐细之事的叙述，无大事要事的书写。但其爱好广泛，交游极众，举凡阅读、看戏、观影、赏乐、教书、聚餐等活动，日记中都有记载，并涉及郁达夫、邵洵美、黎烈文、巴金、田汉、施蛰存、刘呐鸥、林微音、鲁迅、黄文农、谭抒真等诸多名家，其查考索隐作用值得重视。其中有些记载颇具文献价值，如1927年谭抒真作为中国第一人首次参加上海工部局乐队演出的记载，1933年巴金、施蛰存、林微音等人齐聚一室听叶灵凤介绍藏书票的记载等，都可补正史之缺。

五、日记研究的历史与未来

　　日记虽然属于传统文献，但存世不多，整理刊刻的就更少了。一些日记的稿抄本长期以来大多在私下传阅，偶有评点，也无系统，更非正式出版。清末学者金梁在其所编《近世人物志》中曾广泛利用了《越缦堂日记》《湘绮楼日记》等近代日记，此被学界称之为"最早利用日记文献来研究历史人物"的创新之举（邹振环：

《日记文献的分类与史料价值》,刊《复旦史学集刊》第一辑《古代中国:传统与变革》,复旦大学出版社 2005 年版)。民国时期,(孙)俍工的《小说做法讲义》(中华书局 1923 年版)、林华的《日记文作法讲话》(乐华图书公司 1934 年版)等讲义类著作,比较早地分析了日记作为一种特殊文体的特点;郁达夫、鲁迅等人曾发表过一些文章,介绍外国日记研究的现状,剖析日记与日记文学的关系;阿英[阮无名(阿英):《日记文学丛选》,南强书局 1933 年版]、朱雯(朱雯:《中国文人日记抄》,天马书店 1934 年版)等则出版过一些"日记文选"之类的书籍,对日记文献的分类等问题作过一些阐述;而《青年界》等杂志也曾推出过以日记为对象的专辑。现代以来,华东师范大学古籍研究所陈左高教授是较早对历代日记展开研究的学者,从 20 世纪 40 年代起,他就对日记的整理研究产生了浓厚的兴趣,撰写发表有相关文章数百篇,编撰有《古代日记选注》《中国日记史略》《历代日记丛抄》等著作,可谓撰述纷呈,卓有建树。他从事日记整理和研究逾六十年,被学界誉为"当代学人研究日记文献第一人",可谓名之所归。2006 年,"全国第三届日记论坛"组委会授予陈左高最高且唯一的荣誉——日记写作与学术研究终生成就奖,高度肯定了他在日记研究领域所作出的非凡贡献。陈左高在日记的起源、历代日记散佚篇章的补辑与考证、历代日记的整理、研究和刊刻等方面成果斐然,开启了日记史学研究这扇冷门,为后人的继承开拓奠定了坚实的基础。

"文革"以后,历代日记,特别是晚清以来的近现代日记的文献价值得到重视,对历史人物的评判也更为客观,以文人日记为论述对象的文章不断涌现,以此为题材的硕士、博士论文也不在少数,孔祥吉的《清人日记研究》、邹振环的《日记文献的分类与史料价值》等论著、论文都曾产生过相当影响;同时,日记的整理出版

傅彦长 1927 年日记封面

谭抒真和上海工部局乐队首席富华合影

也呈现出可喜的局面,各家出版社纷纷推出各类名人日记丛书,比较有影响的有:

上海书店出版社编辑出版有"近现代名人日记丛刊",目前已刊行的有《张文虎日记》《张荫桓日记》等。

上海人民出版社编辑出版有"名人日记丛书",目前已刊行的有沙叶新的《精神家园》、王沪宁的《政治的人生》、刘吉的《匣中剑声》等。

河北教育出版社编辑出版有"近世学人日记丛书",目前已刊行的有《张元济日记》《张謇日记》《桐城吴先生日记》等。

江苏古籍出版社编辑出版有"民国名人日记丛书",目前已刊行的有《蒋作宾日记》《白坚武日记》《胡景翼日记》等。

山西古籍出版社编辑出版有"现代名人日记丛刊",目前已刊行的有《郑振铎日记全编》《弘一法师日记三种》《红尘冷眼——宋云彬日记:1938—1966年》等。

山西教育出版社编辑出版有"中国现代作家日记丛书",目前已刊行的有《茅盾日记》《郭沫若日记》《胡适日记》《郁达夫日记》等。

大象出版社编辑出版有"大象名人日记文丛",目前已刊行的有《周作人日记》等。

广陵书社编辑影印有大量清人日记,目前已刊行的有《潘祖荫日记》《(袁)寒云日记》《盛宣怀日记》等。

中华书局历史悠久,编辑力量雄厚,它们编辑的"中国近代人物日记丛书"出版时间最早,收录日记品种也最多,计有《王韬日记》《王文韶日记》、《管庭芬日记》《宋教仁日记》等几十种,其中《翁同龢日记》(全六册)、《郑孝胥日记》(全五册)、《曾纪泽日记》(全五册)等都是近代史上重要人物的日记,篇幅长、范围广、影响大,在学界引起广泛关注。

近期出版的虞坤林的《二十世纪日记知见录》(国家图书馆出版社2014年版)对上述日记的刊行及有关机构和民间收藏的未刊日记有较为详细的统计。该书收录近现代人物日记1200余种,分国内和国外两部分,收录可谓详尽。但即使如此,遗漏也仍不在少数,如《陆洁日记》、《黎民伟日记》、《史东山日记》、郑君里《〈民族万岁〉日记》、《瞿宣颖日记》、《康嗣群日记》、《傅彦长日记》等均失收。这些日记,有的已公开出版,更多的则"养在深闺",尚未人知。而日记的主人大都为当年某一领域的佼佼者,地位重要,经历丰富,人脉深厚,交往广泛,所记均亲历亲为,极具文献价值,且均拥有几万乃至几十万字的篇幅,是学界不容忽视的原始文献。如《陆洁日记》和《黎民伟日记》,堪称研究民国电影史尤其是联华影业公司最重要的第一手资料,无法绕开。据粗略估计,全国各地图书馆、博物馆系统和私人藏家收藏的历代未刊日记稿、抄本,至少还有数千种,最近就有人在冷摊上购得清光绪年间长芦盐业纲总姚学源的《十瓶庵日记》和《习琴斋日记》两部手稿(曲振明:《我的旧书缘》,2014年9月17日孔夫子网)。于此可知,未刊日记文献这块土壤有多么丰饶肥沃。令人欣慰的是,近年有越来越多的学者对日记的重要价值有了清醒认识，并展开专题研究，取得了可喜的成绩。这方面，杨天石是比较突出的一位。

杨天石长期从事中国近现代史的研究，尤长于蒋介石和中国国民党史的研究，是最早关注蒋介石日记并意识到其重要价值的学者之一。20世纪80年代以来，他即长期阅读并深入研究保存在大陆和台湾的蒋介石日记的"类抄本"和"仿抄本"；2006年3月，当美国斯坦福大学胡佛研究所首次开放蒋介石日记原稿本时，他"是学者中进入档案馆内阅读日记拔得头筹者"（吕芳上：《〈找寻真实的蒋介石——蒋介石日记解读〉序言》，见杨天石：《找寻真实的蒋介石——蒋介石日记解读》，山西人民出版社2006年版）。杨天石对蒋介石日记的真伪和价值有其自己的判断，但这是建立在科学的、实事求是的基础之上的。他表示："我的结论是，蒋介石日记是研究蒋介石，研究近、现代中国历史的极为重要的第一手资料，对于研究亚洲史、世界史也有相当的价值。有经验的、精心的阅读者从中将会发现很多可以推进或加深其研究的内容，促使人们重新思考某些既定的观点，写出更准确、更科学、也更丰富的历史著作。"（杨天石：《蒋介石日记的现状及其真实性问题》，见杨天石：《找寻真实的蒋介石——蒋介石日记解读》，山西人民出版社2006年版）他利用蒋介石日记及其他文献，写出了一批重要论文，并出版了《找寻真实的蒋介石——蒋介石日记解读》等专著，获得了引人瞩目的成绩。

唐浩明是另一类擅用日记等原始文献的作者。他是一名编辑，长期致力于近代文献的整理研究，曾编辑出版有《曾国藩全集》。也许正是这一机遇，使他对曾国藩这位近代重要人物产生了强烈兴趣，在阅读了包括曾国藩日记在内的几乎所有相关文献后，他写出了三卷本长篇历史小说《曾国藩》。作品详细介绍了曾国藩的生平经历和主要事迹，实事求是地总结了曾国藩的历史功过，出版后受到较高评价，于2003年荣获"姚雪垠长篇历史小说奖"，并荣登《亚洲周刊》20世纪华人小说百强榜。小说《曾国藩》比较出彩的地方是对主人公复杂内心的揣摩和分析挖掘，而这显然得益于作者对曾氏洋洋一百三十万言日记及其家书、奏折的仔细研读。曾国藩资质并不过人，反而一直被人认为愚钝，而他能从一名农家子弟成长为一位中兴名臣、一位儒家大师，与他坚持注重学问、修身、处世方面的提高，坚持将日记作为自己自励、自责、自省的一件武器密不可分。唐浩明认为："尽管曾氏终其一生并未成为圣贤，但在道德自我完善这方面，古今政治家中罕有其匹。尤其于克己自律上，在一塌糊涂的晚清官场，他应属凤毛麟角。"（唐浩明：《修圣贤之身，悟日用之道》，刊《中华读书报》，2014年9月17日）

在学界，翁同龢的《翁文恭公日记》、李慈铭的《越缦堂日记》、王闿运的《湘绮楼日记》和曾国潘的《求阙斋日记》（另一说为叶昌炽的《缘督庐日记》）一直被视为晚清四大日记，成为研究近代史的重要文献。仿此例，如将蒋介石日记（起自1915年，讫于1972年）、蔡元培日记（起自1894年，讫于1940年）、鲁迅日记（起自 1912 年，讫于 1936 年）、胡适日记（起自 1910 年，讫于 1962 年）和竺可桢日记（起自 1936 年，讫于 1974 年）定为现代五大日记，可能也是恰当的，他们的重要地位、对当时和后世的重大影响，以及日记的厚重感和大容量，都完全当得起这一称呼，以它们为代表的民国日记也确实应该引起我们的重视。

应该说，目前学界对日记的重视和利用，与日记本身所具备的重要价值及其原始文献特色，并不匹配。这其中可能有种种原因：日记大多数是未刊稿本，知晓率不高，借阅比较困难，识别利用也有相当难度；而整理出版的日记数量还很少，一些大部头的日记价格昂贵，学者难以负担；更有个别是按原稿影印，缺乏必要的导读说明和注释，青年人视之为畏途，使用范围受到很大限制。如果能妥善合理地解决这些问题，比如对现存历代日记作一次全国调查，在此基础上编出目录，制订整理出版的计划，组织最合适的研究人员进行整理释文，分批有序地予以出版，日记的使用率就会得到很大提高，其价值也会得到应有的发挥，对各领域学科的研究也必将产生有益的促进。这方面，20 世纪 80 年代上海书店和上海图书馆精诚合作，影印出版《申报》就是最典型的一例，其对学术研究所起的巨大推进作用，至今仍绵绵不绝，长久不衰。

一个民国文人的人际交往与生活消费
——傅彦长其人及遗存日记

一个偶然的机会，有幸看到傅彦长的日记，觉得颇有些意思。子善兄建议在他主编的刊物上整理发表，不敢私享，谨遵雅意。

傅彦长其人，在中国现代文坛上，即使经过了20世纪80年代直至如今的爬梳发掘热，可以说仍然是一个"失忆"的陌生人。要说原因，无他，傅彦长没有什么重要的文学作品，抗战上海沦陷期间，他又有过一段不光彩的经历。有此两条，其人引不起多少人关注，也是很正常的一件事。

傅彦长（1891—1962？），湖南宁乡人。原名傅硕家，又名傅硕介，笔名包罗多、穆罗茶等。早年曾在上海专科师范学校、上海务本女校等校任教，讲课颇受欢迎，被学生们称为"富于精神和爱，可亲的先生"（张伟奇：《我们的傅先生》，刊《申报》，1928年6月5日）。后游学美国和日本，1923年2月回国，在上海艺术大学、中华艺术学校、中国公学、同济大学等校教授艺术理论和西方艺术史，并出任上海音乐会会长。与创造社、南国社、新月社、狮吼社诸人关系密切。参与创办卿云图书公司，主编《雅典》月刊、《艺术界周刊》《音乐界》等，著述有散文集《艺术三家言》（与朱应鹏、张若谷合著）、《十六年之杂碎》，短篇小说集《五岛大王》《阿姊》，历史普及读物《西洋史ABC》《东

1926年夏上海音乐会成立，图为该会发起人合影。前排坐沙发者为傅彦长，后排左起仲子通、周大融、张若谷，摄影者光艺照相馆彭式丹

洋史 ABC》《外蒙古》等。是 20 世纪二三十年代知名的自由派作家，对西方艺术较有研究，特别在现代音乐史上有一定影响。

一

近代文人中写有日记的不在少数，其内容风格更是如繁花盛开，摇曳有致，难以尽言。日记分类有各种分法，专家学者多各抒己见，繁简不一，出入很大。邹振环在一文中将日记分成 14 大类（邹振环：《日记文献的分类与史料价值》，刊《复旦史学集刊》第一辑《古代中国：传统与变革》，复旦大学出版社 2005 年版），非常细致，可谓详尽。其实，如果化繁为简，约略分之，日记的形态大致不出这么三种：一是排日记事体。只记对己而言之要事，篇幅简短，内容简洁。此可以绍兴周氏兄弟日记为代表。二是志感抒情体。依个人兴致和情绪而详略不一。此可以郁达夫、徐志摩日记为代表。三是综合体。大事小事往往都记，一记就是数十年，很少有个人原因而停笔不记的。此可以赵元任、胡适、竺可桢诸人日记为代表。

历代日记，比较多的为排日记事的纪实文本，其中蕴藏着丰富的史料文献，包含当时的时代背景、经济动态、社会生活、风俗习惯、亲朋往来、私人生活等不同侧面，内容包罗万象，底蕴丰厚，取汲不尽，任何一个领域的学者都可能从中发现自己需要的材料。傅彦长日记正是排日记事体日记的典范。

傅彦长日记多有散失，现尚能看到的有 1927 年、1929 年、1930 年、1932 年、1933 年、1936 年等几册，及 1944 年和 50 年代初的一些零星日记，收藏在上海图书馆。其所记特点为多琐细之事的叙述，无大事要事的书写，但它的价值正体现在一些琐细之事的叙述当中，而这些琐事细节又往往能让某些枯燥干瘪的历史场景瞬时丰满起来，并勾连起我们的强烈兴趣，为之眼睛一亮。傅彦长日记中这种细节特征比比皆是，而这正是日记尤其是文人日记最值得关注的地方。我们强调日记的史料价值，并非其中一定蕴藏着什么一言九鼎的重要言论，或者能推翻既有结论的重大史实——这样的可能性并不大，而是它往往能在大容量的平实叙述中复原当时的场景，充实众多被忽略的细节，并让这种场景立体丰满起来，给人以身临其境的感觉。如 1927 年 5 月 29 日那天，作者记道：

到市政厅听贝多芬百年祭，其节目为交响曲第五首，奏鸣曲阿巴西盎那地，交响曲第九首前三段。是夜谭抒真加入，为中国第一人之参与者。

未回家睡，在谭处过夜。

傅彦长此时正主编《音乐界》《艺术界周刊》等杂志，大力推广西方经典音乐，与乐坛中人来往颇多，对刚踏入乐坛的众多年轻人也多有提携，故在业界享有"我们的傅先生"之美誉（张伟奇：《我们的傅先生》，刊《申报》，1928 年 6 月 5 日）。

傅彦长1927年日记封面　　傅彦长1929年日记封面　　傅彦长1930年日记封面

1927年5月29日谭抒真登上上海工部局乐队正式演出的舞台，对涉足西方音乐不久的中国音乐界来说是士气大振的一件事，故近百年后在上海交响乐队"大事记"上也曾留有痕迹（《上海交响乐团135周年大事记》，刊《文汇报》，2014年9月6日）。此前，对于学习音乐的中国学生来说，工部局乐队指挥梅百器及其外国演奏员是高不可及的。1927年，梅百器让谭抒真代替休假的队员参加演出，因为谭是休假的那位乐队成员的学生，所以破例让他坐在第二小提琴的最后一个位置上。而这个位置的得来并不容易。关于这段往事，谭抒真自己曾有回忆：1926年冬到1927年春，"那天是排贝多芬第五交响曲，因为他们都很熟就只走了一遍。我从来没有拉过乐队，给我第一个感觉是特别响，我连滚带爬地拉完四个乐章。结束了，梅百器向坐在我边上的菲律宾人Sitel了解情况后就算通过了。我那天带着分谱回去好好练了一遍。第二天带着谱子来上班，一看变成排贝多芬第九交响曲了，好不容易拉完，梅百器又来问如何，总算通过⋯⋯第一次演'贝九'，没有合唱，只演三个乐章"（谭抒真：《1927年我加入上海工部局交响乐团》，见《谭抒真音乐文集》，上海音乐学院出版社2007年版）。而傅彦长此处所记，则是关于此事的最原始记录，自然更有其特殊价值。对谭抒真、傅彦长等一批当事人来说，那天的激动、兴奋、拍掌相贺是可想而知的，"未回家睡，在谭处过夜"，虽然仅仅九字，其背后则一定蕴藏有丰富的内容，想必此夜无眠！而对研究"贝九"在中国的演出史，这同样是一条重要记录。

傅彦长爱好广泛，交游极众，举凡阅读、看戏、观影、赏乐、教书、聚餐等活动，日记中都有记载，并涉及郁达夫、郑振铎、顾颉刚、邵洵美、田汉、蒋光赤、施蛰存、刘呐鸥、鲁迅、黄文农、黎锦晖、谭抒真等诸多名家，其查考索隐作用值得重视。如关于藏书票传入中国的历史，是很多爱书人关注的，傅彦长在日记中对此也有记载。在1933年8月9日那一天，他记道："在叶灵凤寓所，阅Ex Libris，同在一室者有巴金、林微音、施蛰存、杜衡。"由此可证，当年在叶灵凤周围，受他感染接触藏书票这种舶来品的文人确实不少。如果再细究一下，可以发现，叶氏那篇著名的《藏书票之话》发表在1933年12月出版的《现代》第4卷第2期上，那么，很有可能，施蛰存正是于8月9日那一天在叶灵凤寓所观赏了他收藏的洋洋大观的藏书票资料后，心有所动，从而怂恿叶氏写出了那篇名文，而施蛰存本人也正是从此时起开始收藏使用藏书票的。这个猜测在时间逻辑上是完全成立的。

  研究者在查阅前人日记时往往会潜意识地认为：某些事某人如参与了就一定会记，既然缺记就说明没参与。其实这两者之间并不构成必然。记过日记的人一般都有体会，有时因心情、身体或某些偶发事件的缘故，该记的却没有记，该详记的却仅一笔带过，甚至干脆就没有动笔，日记本上一片空白。当然这并不代表你这几天就从地球上消失了，或者除了吃就是睡，什么事也没干。因此，同时代的人物日记，往往会有互相印证的查考索隐作用，这种印证有时可从两人或者更多人的日记中得到证明。如傅彦长在1927年1月13日日记中有"在周勤豪处，与郁达夫等谈天"的记载。检索郁达夫日记，在这一天有相同的记载可证："怀了一个寂寞的心，走上周勤豪家去。在那里又遇到了张、傅二君，谈得痛快。"（郁达夫：《日记九种·村居日记》，上海北新书局1927年版，第55页）有时甲的日记有记载，相关的乙却无片言涉及，这也并不就意味着甲的记载有误。同样一件事，因身份、地位、感受等不同，对甲来说也许颇为重要，值得一记，但对乙来说则完全可能无足轻重，不值一记，这样的情况并不少见；也有后世的研究者认为很有价值，而当事人却并不以为然，漫然视之，这样的事更为常见。读傅彦长日记，见两处有遇到鲁迅的记载，一处是1927年12月5日："到内山书店，遇周树人、王独清。"一处是1933年4月10日："午后到沪，在新雅午餐。遇张振宇、鲁迅、黎烈文、李青崖、陈子展。"而检索这两天的鲁迅日记，却并无相关记载。傅彦长素有记人之习惯，当不会有误。可见，名人日记中有意无意的缺记，或有选择的遗忘之事当不会少，不可以此作为查验的唯一佐证。

二

  要想比较全面地了解一个人，不仅要看他的作品，还要看他的交游。一个人的交游活动，其实是判断他的人品和学识的重要参考依据之一；而从日记中最能看出一个人的人际交往关系，这张有意无意之间编织成的人际关系网，往往最能反映出一个人的兴趣爱好、品位高低以及他的交际能力和为人之道。傅彦长兴趣广泛，酷爱谈天，故结交来往的朋友极多。他一天的生活往往从逛街开始，然后访人聊天、请客吃饭，接着看戏观影赏乐，喝咖啡、品尝冰淇淋，最后回家安寝结束。试看他的几段日记：

  "张若谷来。访周勤豪。张请往市政厅，听第十三次交响音乐会，有孟德尔霜

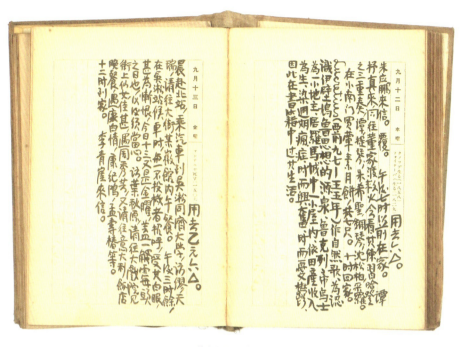

傅彦长日记内页-1

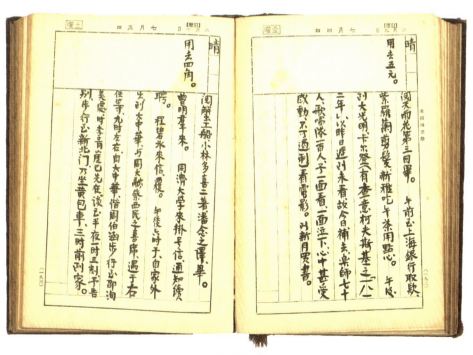

傅彦长日记内页-2

一个民国文人的人际交往与生活消费　　第二篇

第四首交响曲。途遇田汉,请往四而楼小吃。即至宁波同乡会,看现身剧社第五次所公演之咖啡店之一夜。后同往大罗天。伴往者,有俄人某君(乃夫妇两人)、郁达夫等。后朱穰丞以机器脚踏车送予回家,时已十时余矣。"(见《傅彦长日记》,1927年1月9日)

"午后,自家步行,出小西门,走过宁康里,经万生桥,走辣斐德路、白莱尼蒙马浪路、望志路、萨颇赛路,到新民里十三号周勤豪家,遇张若谷,上天下地,无所不谈,晚膳后始回家。"(见《傅彦长日记》,1927年1月20日)

"访吕季操。张若谷、黄震遐来。将午餐时,张去黄留。午餐后,到霞飞路沙利文、卡尔登看电影,美生,辣斐德路吃俄国菜(吕请),市政厅听第四次交响音乐会,黑猫,金鹰(跳舞场),半夜三时左右到纽约咖啡吃白锦煎蛋、咖啡,天明时到天通庵火车站。以上各处,黄皆偕往。用去二十元。一夜未睡。"(见《傅彦长日记》,1929年11月3日)

笔者据其日记统计,仅1927年一年,他在日记中记载到的有交往的朋友就有270余人,其中来往最多的是张若谷,达131次,平均不到三天就碰面一次;其次是谭抒真,也有64次,不到一周就见面一次。其他在10次及以上的有(括号里的数字表示次数):田汉(35)、朱应鹏(35)、周勤豪(24)、周大融(24)、叶秋原(23)、徐蔚南(21)、张春炎(20)、陈景川(20)、郁达夫(19)、宋居田(19)、卢梦殊(15)、陈抱一(15)、彭式丹(15)、汪倜然(14)、邵洵美(12)、唐槐秋(12)、潘伯英(12)、孙师毅(12)、许典彝(12)、蒋光赤(11)、叶鼎洛(11)、饶上吉(11)、曾立群(11)、顾颉刚(10)、杨景昭(10)等。5次及以上的有:倪贻德(9)、梁得所(9)、张亮拯(9)、郑振铎(8)、黄震遐(8)、王独清(8)、谢六逸(8)、姜服畴(8)、刘慕慈(8)、黎锦晖(7)、张星烺(7)、乐嗣炳(7)、朱了洲(7)、赵梅伯(6)、顾梦鹤(6)、谭素云(6)、胡愈之(5)、李石林(5)、仲子通(5)、沈在镕(5)、段刚仁(5)等。这些人中,张若谷、朱应鹏、周大融、卢梦殊、叶秋原、徐蔚南、陈抱一、仲子通等是他关系最密切的朋友,也是他参与组建的上海音乐会和晨光美术会的成员;谭抒真、宋居田、赵梅伯等是因音乐和他结缘,傅彦长精通音乐,擅长艺术理论,和他们是亦师亦友的关系;周勤豪是上海艺术大学的校长,聘请傅彦长在该校任教,来往密切自为当然;黎锦晖亦相同,在筹办中华歌舞专门学校时得到过傅彦长的帮助,故多有交往;田汉、郁达夫、邵洵美、蒋光赤等多为浪漫主义文人,和傅彦长趣味相投,互相之间经常请客吃饭,聚会聊天,傅彦长还有多次因谈得兴起,忘了时间,而不得不在田汉和邵洵美的住所过夜的经历。

傅彦长结交的大多为比较纯粹的文人,并在各自领域内具有较高造诣者,如美术界的有:刘海粟、王济远、江小鹣、丁衍庸、潘天寿、丰子恺、陈之佛、俞寄凡、张聿光、洪野、黄文农、鲁少飞等；音乐界的有：沈叔逵、肖友梅、赵梅伯、谭抒真、宋居田、黎锦晖等；电影界的有：史东山、卜万苍、孙师毅、陈寿荫、陈趾青、张韦涛、王汉伦、黎明晖、顾梦鹤、严工上、郑逸生、吴嘉瑾等；学术界的有：胡适、顾颉刚、夏元瑮、胡敦复、陈乃乾、周予同、李石岑、张星烺、何炳松、吴研因等；文学界的最多，有：郑振铎、郭沫若、叶圣陶、欧阳予倩、徐志摩、陈西滢、许地山、杨振声、宋春舫、成仿吾、郑伯奇、方光焘、钱江春、胡山源、丁西林、余上沅、黎烈文、高长虹、周瘦鹃等。此外，外国人有内山完造、佐藤春夫、鹤见祐辅、颜复礼等，以及国民党官方背景的张道藩、刘纪文、潘公展、甘乃光等，共产党方面背景的陈望道、杨贤江、李初梨、冯乃超、朱穰丞等。从这张名单中也足可见傅彦长人脉之广和人缘之好，正如他在1927年2月2日那一天日记中所记的那样："此四年中（引者注：指1923-1927年），予之生活最多变化，所认识之人物亦独多焉。"

傅彦长几乎不在家里吃饭，一日三餐大致天天在外就食（早餐一般不食，春节期间及躲在家里阅读写作时除外），而上海饮食业发达，中西酒店饭馆鳞次栉比，可以满足各种不同层次的需求。傅彦长是美食主义者，又率性任意，不拘小节，缺乏克制力，常常回到家里在写日记时发誓要节制贪食，第二天一走到街上却又照吃不误。我们仍以他1927年的日记为标的参照物，看看他一年来光临了多少家酒店饭馆。统计下来，1927年他共品尝了62家酒店饭馆（城隍庙及未写明店名的均只算一家），就餐222次（另在朋友家就餐21次），其中既有杏花楼、功德林、北万新、四如春、桥香斋、雅叙园、松月楼、金陵春、味雅酒家、美丽川菜馆等中式菜馆，也有沙利文、马赛儿、百老汇、高丽人店、富士、宝亭、松叶、南洋番菜馆、维也纳珈啡等外国酒家。去的最多的是粤南酒楼，一年光临了23次，广东菜可谓名不虚传；其次是巴尔干牛乳店，去了21次，可见西式点心也广受欢迎；其他去的较多的有（括号里的数字表示次数）：六合居酒楼（9）、俄国饭店（8）、大东公司西餐馆（8）、哈尔滨酒家（7）、海实儿伦区（7）、沙利文（6）、惠通酒楼（6）、福禄寿酒家（5）等。中外餐饮可说打了个平手，看来傅彦长是来者不拒，中外通吃，端的一副好胃口。必须说明的是，这些酒店饭馆大都属于中上等次，费用不菲，而这些开销的支付者（用傅彦长的话来说是"背十字架者"），起码三分之二是他的朋友们（尤以张若谷、谭抒真、周勤豪、周大融、邵洵美、叶秋原等几位为多），否则傅彦长可能是难以承受的，当然这也从另一方面说明了傅彦长的好人缘。

傅彦长作为一个位列中产阶层的自由职业者，更为重要的一面表现在他的文化消费上。为保持所引文献的统一性，我们还是以傅彦长1927年的日记为依据来考察他的文化消费。

先来看他的电影消费。在早期传入中国的诸多西洋文明中，电影是比较早的一种，电影的放映更几乎和国外同步。自20世纪20年代起，由于外国商人和中国资本家纷纷投身电影业，上海掀起了一股兴建影戏院风潮，到1934年，上海拥有的电影院已达44家，名列全世界第7位（《电影院最多的城市》，刊《电声》，1934年第3卷第19期），这正反映了当时上海在文化方面的实力和影响。根据傅彦长1927年日记所记，他全年共观影73次，平均每5天一次，频率很高。出入的影院共10家，全部是当时一线影院（此时大光明、南京等四大影院尚未建造），其中当年最豪华的卡尔登大戏院他去的最频繁，有14次之多；其次是以放映俄苏影片出名的东华大戏院，去了13次；再次是虹口地区的一流影院奥迪安大戏院，也有12次之多；其他去的较多的（括号里的数字表示次数）依次是恩巴西（夏令配克）影院（10）、爱普庐大戏院（5）、上海大戏院（5）、百星大戏院（5）、北京大戏院（3）、中央大戏院（1），以及一家未写明名字的影院（5）。这些影院基本都坐落在今西藏路、南京路、四川北路一带，离傅彦长的家南市尚文门（小西门）内银河路（凝和路）21号（也是园对面）较近。所看影片绝大多数是外国片，仅"民新"出品《天涯歌女》一部为国产片（在"中央"观看）。当年知识分子对国片评价很低，一般不看国片，鲁迅、茅盾、郁达夫等大都如此，一些上海的作家们，像施蛰存、徐迟、刘呐鸥、穆时英、叶灵凤、田汉、洪深、夏衍等人，也都是外国影片的爱好者，傅彦长的观影实践又是一例。所看外国影片中又以美国好莱坞出品为最多，英、法、德、苏等国出品为其次。这也符合20年代末上海影院的放映实情：英、法影片逐渐衰落，好莱坞电影全面出击，已占据中国电影市场70%以上的份额。

　　傅彦长对西方艺术非常关注，尤其在音乐方面颇有研究，曾写有《音乐散文集》《音乐常识问答》等著作，平时所看电影也喜欢欣赏音乐题材的影片，故他的音乐消费更值得我们重视。在1927年日记中，他记载的听音乐会的次数是17次，平均每三周欣赏一次。其中在市政厅听上海工部局乐队的交响音乐会10次，欣赏了贝多芬的第六交响曲、莫扎特的G小调交响曲第四十、理查·施特劳斯的交响诗《唐璜》等名作；在兰心大戏院欣赏歌剧6次，包括罗西尼的《塞尔维亚的理发师》、威尔第的《弄臣》《阿依达》等名剧。上海当年不愧为中国的文化中心，在这里可欣赏到世界各国的精彩文化，在傅彦长以后的日记中，我们可以看到他还欣赏了贝多芬的第九交响曲、门德尔松的第四交响曲，以及世界著名歌剧《茶花女》《蝴蝶夫人》等；1930年7月4日，他在卡尔登大戏院欣赏了柴可夫斯基的名作《一八一二年序曲》之后心潮澎湃，热泪盈眶，在日记中写道："卡尔登有查意柯夫斯基之《一八一二年》，以昨日迟到未看，故今日补去。乐师七十人，歌唱队一百人，予一面看一面泣下，心中甚受感动，不可遏制。"值得一提的是，在傅彦长欣赏音乐会时，陪伴他的经常有谭抒真、谭素云兄妹，联想到谭抒真作为中国第一人参加工部局乐队演出时，傅彦长的欢欣鼓舞、夜不能寐，他和上海音乐界的密切关系是可以想见的。此外，英国人创办于1824年的亚洲文会是世界上有关亚洲研究领域最顶尖的学术机构，建造在博物院路（今虎丘路）上的上海分会始建于1857年，内设立有图书馆和博物馆，收藏有大量东方学书刊、文物和动植物标本，并经常组织演讲和讨论

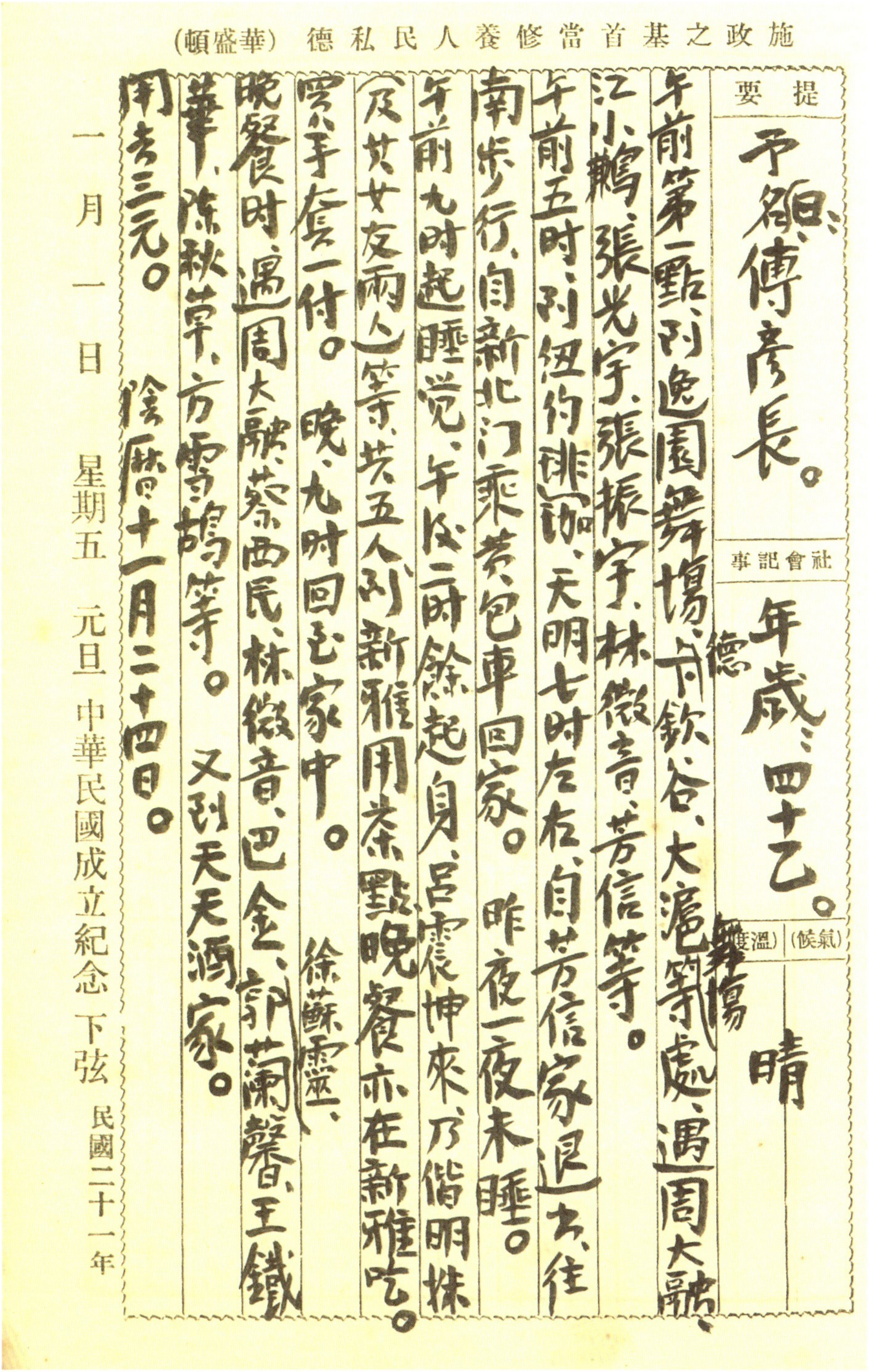

提要：予頌、傅彥長。年歲：四十七。

社會記事

施政之基首當修養人民私德（華盛頓）

氣候：晴 溫度：

午前第一點到逸園舞場，同欽谷、大滬等處遇周大融、江小鶼、張光宇、張振宇、林微音、芳信等。

午前五時到紐約排謝，天明七時左右自芳信家返去，往南樂沙行，自新北門乘黃包車回家。昨夜一夜未睡。

午前九時起睡覺，午及二時徐起身，呂震坤來，乃偕明姝（及其女友兩人）等共五人到新雅用茶點，晚餐亦在新雅吃。

買手套一付。晚，九時回至家中。

晚餐時遇周大融、蔡西民、林微音、巴金、郭蘭馨、王鐵華、陳秋草、方雪鵠等。又到天天酒家。

用去三元。

一月一日 星期五 元旦 中華民國成立紀念 下弦 民國二十一年 陰曆十一月二十四日。

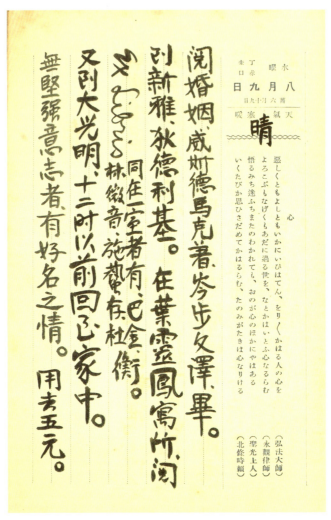

傅彦长日记内页-4

等学术活动，傅彦长1927年到那里参观了20次，其频率之高值得关注。他还经常去南国剧社，在那里参加、欣赏他们举办的茶舞会和《咖啡店之一夜》等话剧演出；他还去欣赏过大同乐会的音乐会和画家王济元的个人洋画展览会等。傅彦长的艺术兴趣之广泛由此可见一斑。

傅彦长是文人，本身写有大量作品；他还在上海艺大、吴淞公学等不少学校任教，并经常应邀在外讲演，如1926年他在晨光美术会发起的"夏令文艺演讲会"上演讲《中西艺术思想不同之要点》，1927年他在新华艺术学院演讲《浪漫主义文学》等。这些实践活动都需要他既要有广泛的中外文学艺术的积累，又要掌握最新的社会思潮和文艺动向，故他的阅读消费非常值得我们关注。从其日记看，傅彦长的阅读范围既多又杂，除了有时不外出在家阅读的整块时间以外，他一般在晚上睡觉和中午外出前阅读。他读的报纸有《申报》《晨报》和《时事新报》；杂志更多，当时一些文学社团的刊物他几乎都有所涉猎，如《小说月报》《创造月刊》《文学周报》《语丝》《现代评论》等，《东方杂志》《向导》《中国青年》等政治和时论刊物，以及《北大国学门月刊》《清华国学丛刊》等专业学术刊物，他也经常阅看。这些报刊来源既有朋友相赠，也有在书局零星购买，似乎没有整年订阅的习惯。在书籍方面，傅彦长的阅读范围也很杂，既有从苏东坡到吴梅村的中国传统古籍，也有房龙的《人类的自由》、艾香德的《佛教源流考》、J.F.Jout 的《英国史》、Reulen Levy 的《波斯文学的序伦》等西方典籍，更有郭沫若的《落叶》《瓶》，张资平的《飞絮》《苔莉》，王独清的《圣母像前》、李初梨的《爱的掠夺》等当代文学作品，以及苏雪林的《李义山恋爱事迹考》、李思纯的《元史学》、何炳松的《近世欧洲史》、陈抱一的《油画法之基础》等各类著作，从中很难看出他的专业方向，这也许正符合傅彦长作为一个文化学者的身份。一个例外是，他对佛、道、基督教等各宗教书籍，以及有关印度、波斯、锡兰等西域地区的民族历史非常感兴趣，经常阅读相关书籍，并作了不少笔记，为此，他还准备学习各相关外语，并制定有庞大计划："中、英、法、德、日、世、土、暹、缅、藏、蒙、满、彭、匈、芬。"（见《傅彦长日记》，1927 年 3 月 21 日）其精力之充沛、胆魄之雄伟令人咋舌，唯未知这个计划最后是否实现。

如此庞杂的阅读量，经常跑书店是免不了的，从其 1927 年的日记看，傅彦长去的最多的书局是良友公司，一年去了 29 次；其次是内山书店，28 次；再次是商务印书馆的 5 次和尚文书店的 4 次。此外，北新书店、新月书店、泰东书局、大东书局和美的书店，都各去了一次，平均下来是每 5 天跑一次书店，和其观看电影的频率基本一致。傅彦长的大容量阅读并非一时冲动的短暂行为，从其日记看，他每月阅读的书基本保持在 6—10 种，相当稳定，这从他 1930 年年底在日记中作的一个统计可以证实："阅过的书，今年一共有八十九部，平均每四天看了一部书，其余零星杂阅（包括杂志报章以及未曾看完之书等等）并不算在里面。"（见《傅彦长日记》，1930 年 12 月 31 日）

三

以上我们根据傅彦长的日记，从几个方面考察了他的人际交往和经济、文化消费，而傅彦长之所以能拥有如此广泛的人脉关系并具有这样丰富的消费范围和能力，这和他的身份地位：中产阶层收入的自由职业者，以及当时上海已具有的城市属性——开放型的国际都市是密切相关的。

傅彦长没有固定的职业和收入，但他的兼职并不少，曾先后或同期在上海专科师范学校、上海务本女校、上海艺术大学、中华艺术学校、新华艺术学院、中国公学、同济大学等校任教。他艺术理论造诣较高，外语方面精通英、日、德语，平时保持有阅读外文报刊与书籍的习惯，故请其任教的学校不少，从小学到大学都有，所教课程也大都与艺术、外语有关。1927年10月，他在某天日记中就有相关记载："王守恒来，机械专家也。来谈及有某小学校拟聘为唱歌教师，每星期任课三、四小时；除此之外尚任某校英文四小时一星期。"（见《傅彦长日记》，1927年10月16日）民国时期的教师收入较高，一般中小学老师的月薪在50—80元之间；大学老师的收入更高，月薪在100—300元之间。傅彦长在这方面的收入不会少。这里，郁达夫同时期的记载可作一个参考："在酒馆和华林喝了许多酒，即上法界一位朋友那里去坐。他说上海法科大学要请我去教德文，月薪共四十八元，每一礼拜六小时，我也就答应了。"（郁达夫：《日记九种·村居日记》，上海北新书局1927年版，第50页）此外，傅彦长拥有丰富的人脉关系，具有一定的声望，来自各方面的约稿非常频繁，包括写书、编刊、作文以及各种演讲，这类收入当不会低于他担任教职的数目。两块相加，傅彦长每月收入当在两百元左右。虽然具体的数字很难弄清，但他的每月支出在其日记中有大致记载，我们完全可以据此反推。1929年年尾，他在这年日记末页写道："民国十八年（今年）十月始，予之每月零用钱才大大的进一步：1-4：无统计；5月：七十五元四角；6月：六十三元两角；7月：五十九元四角；8月：七十四元八角；9月：四十四元；10月：一百十六元四角；11月：一百十二元；12月：一百三十五元八角。"1930年，他对自己全年的支出在日记中也有明确记载："本年一共用去一千一百六十八元四角，平均每月用去九十七元，有角子若干。"（见《傅彦长日记》，1930年12月31日）必须注意的是，这里的每月消费数目只是"零用钱"而已，并不包括家庭的固定开销，如水电煤及卫生用品等。几者相加，每月的用度是可以想象的，生活压力应该不小。事实上，傅彦长在日记中的确袒露有这方面的担忧："晚膳后与父亲谈天，言及现在每月家用须三百三十余元，此数不可不谓巨矣。"（见《傅彦长日记》，1930年8月12日）虽然，这里的家用总数目可能包括他父亲的收入，但其本人的收入数还是可以猜测大概的：每月平均收入大约二百余元。这个数字是个什么概念？作一些对比会比较清晰些：当时上海一个产业工人的平均月收入大约在15元左右，其中男工月薪最高为50元，最低为8元，平均为15.8元；女工最高为24元，最低为7元，平均为12.5元。中华书局在1929年3月登报招考分局经理，给出的薪水是：经理月薪40—100元，书记（秘书）月薪30—70元，账房（会计）月薪20—40元（转引自汪耀华：《中国现代书业从上海起航》，见汪耀华：《1843年开始的上海出版故事》，上海人民出版社2014年版，第5页）。一个刚出道的电影演员或电影公司技术人员的月薪大约在50—80元，如吴印咸1933—1934年在天一影片公司担任美工和摄影，月薪70元（见《吴印咸、许幸之脱离天一的原因》，刊《电声》，1934年第3卷第42期）；一个当红的电影女明星每月可以拿到150元左右。此外，上海市社会局于1929年4月至1930年3月，运用家计调查的方法，对305户工人的家庭生活状况作了翔实的调查，平均每家的全年生活费支出为454.38元，其中衣食住行

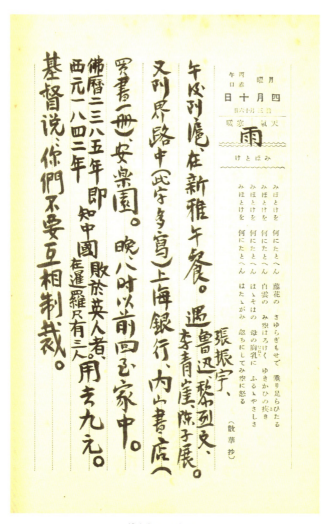

傅彦长日记内页-5

等生活必要开支为 342.38 元，占到总支出的 75.4%；用于交际娱乐、教育卫生等费用的开支则只占总开支的 24.6%（王玉茹、赵劲松：《近代津、沪物价、工资、生活水平比较探析》，见忻平主编：《历史记忆与近代城市社会生活》，上海大学出版社 2012 年版，第 199—226 页）。对比之下，傅彦长一人 1930 年全年的零用开支就为 1168.4 元，他的中产阶级的身份地位十分明确。

　　有足够的能力进行消费是一个方面，而有丰富充足的地方可以消费是另一个方面，两者互相交融，才能组成一个比较完整的社会结构。20 世纪 20 年代的上海，正是这样一个既能够培育足够的消费能力，又可以提供丰富的消费地方的国际性大都市。1843 年开埠以后，上海迅速发展成为西方文化输入中国的最大窗口和传播中心。这里集中了全国最早、最多的中外文报刊和翻译出版机构，也是中国最大的艺术活动中心，电影、美术、音乐、戏剧、舞蹈等，均占全国的半壁江山。它们在这里合作竞争、交汇融合，共同谱就了上海文化的开放格局。从19世纪末开始，上海已是整个中国，乃至整个亚洲区域内最繁华、最有影响力的文化大都会，并与伦敦、纽约、巴黎、柏林等城市并驾齐驱，跻身于国际性大都市之列。

近代上海是典型的移民城市，移民不仅来自全国各地，也来自世界各地。无论就侨民总数还是国籍数而言，上海在整个中国城市中都独占鳌头；而且和其他城市相对单一化的外来族群文化影响不同（如香港主要受英国文化影响，哈尔滨、大连、青岛则分别主要受俄罗斯文化、日本文化、德国文化影响），作为世界多国殖民势力争相聚集之地的上海，它所接受的外来文化影响是最综合性的。所以，当时的上海，堪称一座融汇多元文化表演的大舞台，不同肤色的族群在这里和平共处，不同文字的报刊在这里出版发行，不同国别的货币在这里自由兑换，不同语言的广播、唱片在这里录制播放，不同风格流派的艺术门类在这里创作演出。这种人口的高度异质化所带来的文化来源的多元性，酿就出了自由宽容的文化氛围，并催生出充满活力的都市文化形态，上海也因此成为多元文化的摇篮。置身在如此宽阔的海洋，像傅彦长这样一个作为中产阶层收入能力的自由职业者，投身其中才有可能溅出朵朵浪花。他频频出入的豪华影院、高级餐馆，他查阅外国书刊的亚洲文会、欣赏西方歌剧的兰心大戏院、聆听交响乐的工部局市政厅，在当时基本上是专为洋人或中产阶层打造的娱乐享受空间，一般工薪阶层几无插足之地。这里，正好有一个例子可以佐证：有一个叫田边尚雄的日本人，在1923年4月22日那天到上海工部局市政厅聆听了工部局乐队的音乐会，他写道："那天几乎满座，听众约有五六百，其中大部分是洋人，日本人约占一成左右，中国人看起来只有十多位。"（田边尚雄：《中国、朝鲜音乐调查纪行》，转引自榎本泰子：《乐人之都——上海》，上海音乐出版社2003年版）

由此可见，空间的占有和消费是不同的社会阶层最明显的标志之一，而空间也因此具有了不同的社会价值和经济价值，能够自由出入上述地方并大方消费，已成为一些社会阶层的地位象征。对于像傅彦长这样一批有着中等收入的自由职业者来说，上海这座城市给他们提供了生长的肥沃土壤和人生表演的豪华舞台，让他们活得风生水起，滋润鲜活。从这一点来说，傅彦长日记为观察当时社会和文人生活提供了一个新的视角。

一位银行经理的"孤岛"见闻和感受
——美丰银行经理康嗣群1938年的交游圈和读书记录

美丰银行是重庆的第一家中外合资银行,成立于1922年4月,康心如是主要创办人之一。1927年因北伐战争爆发,美方决定撤离美丰银行,这严重影响到中国储户的利益,康心如说动当时在重庆拥有最大势力的军阀刘湘,买下美方全部股权,中美合资的历史结束,康心如也由此成为美丰银行的实权人物,并将其发展成为西南地区最大的银行,在抗战时期发挥了重要作用。

作为康心如长子的康嗣群,从小受到良好教育,他与当时许多青年一样,钟情新文学,1928年在上海时就曾和鲁迅有过通信,并在《语丝》上发表《我们还是及时相爱吧》等诗作,其时他还是复旦大学的学生。后去北京,入读北大,结识了周作人、废名等一批京派作家,为人文风等都受到影响。1933年11月,康嗣群在《现代》第4卷第1期上发表《周作人先生》一文,这篇印象记式的散文堪称30年代评介周作人的佳作之一,其对"苦雨斋"的描写传神而充满诗意,令人向往。后来他又南下上海,和施蛰存、靳以、巴金等交游密切,和文坛来往更加广泛,在此期间,他和施蛰存合作创办的《文饭小品》,被视为"风格独特"的刊物。1949年,文化生活出版社改组,由康嗣群出任总经理,巴金担任总编辑,而社务活动主要由康负责。或许正因为此,他的朋友中几

康嗣群持有的美丰银行股票

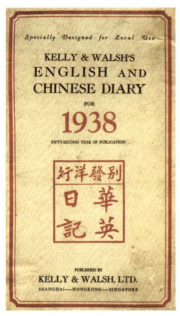

康嗣群1938年日记封面

乎没人认为他是一个"沾染铜臭味"的金融界人士，而更愿视其为是一个"充满书卷气"的文化人。

1937年上海爆发"八一三"淞沪抗战，历时三个月。11月12日我国军队全面撤退，日寇占领了除上海市公共租界苏州河以南、法租界以外的全部地区。这样，上海市区的公共租界和法租界就成了被日寇占领包围的"孤岛"。鉴于当时"孤岛"的实际情形，康家控制的美丰银行决定收束在沪业务，康嗣群作为康家长子奉父命留沪，主持上海分行业务。那么，康嗣群是怎样度过这一段困难而特殊的岁月的呢？这里，笔者愿意以新发现的一部康嗣群的日记（稿本，上海图书馆收藏）为例略作阐述。目前所见的这部康嗣群日记虽然只是个残本，仅有1938年1月1日至同年11月8日的部分，但也弥足珍贵，堪值一读。当时，康嗣群爱妻子俊与其三个子女宏道、宏迤、宏锦均随康父撤往重庆，一些亲朋好友也纷纷南下离开上海。康嗣群形单影孤，思妻念子，心情不佳，情绪低落，陪伴他的只有很少的几个朋友；而他负责的银行工作，因受战争影响，也几乎难以开展业务。我们阅读他的日记，感受最深的就是他的寂寞苦闷和对妻儿刻骨铭心的思念，这种情绪弥漫着整本日记。我们且看他的几段记载：

国际电台为敌接受，对外几如断绝，为此则孤岛亦孤绝矣。（1938年1月5日）
下午阅行内诸事，以电信隔绝，甚以为苦。（1938年1月7日）
夜来又梦俊爱及两儿均归，嬉戏谈笑，恍然已又聚首。晨起思之，不觉泪下。余在此终日碌碌，亦不过为求妻子及自身之一饱耳。哀哉！（1938年3月18日）
夜来阅My Life and Loves第一卷毕，Harris之胆大及真诚于生活，令人神往……其中一部分Sex之描写，使余狂念于俊爱不已，如此能吻俊，并与俊作love-play，当是何等情况，余不能忍耐矣。今日曾得俊十四日书，分析家庭，劝勉于我，令余愧汗之至。明日当以此数日之深刻情绪详告于俊。（1938年5月23日）

1938年的上海除租界外均已被日军占领，而且即使暂未被日军占领的租界，一切事务活动也受到很大限制，形同"孤岛"。不少人失去了对前途的信心，沉湎于纸醉金迷，而正直勇敢的人也不免暂时陷入迷茫苦闷之中，唯有读书解闷消愁。佛兰克·哈里斯的《我的生活与爱情》是西方一部名著，此书不仅大胆披露了他的情爱生活，更因为尺度问题震惊世界文坛，书中涉及王尔德、爱默生、惠特曼、莫泊

1938
4th & 5th Months   April & May [28—1]   Chinese III & IV Moons

[118—247]   **28 THURSDAY**   III Moon, 28th Day
四月廿八日星期四

晴　上海

战事仍進行中，雖有小挫折，終能大局無碍。
余深信此战必有必勝之心，期望自有光明之一天，
而能為國家者乎，故此報閱亦未覺很樂人：业。
餘仍作我百世觉。

閱《家》数十頁，此書竟徑無疑底原"红楼
夢"，惟女中已加入"做同学"有散撥筆"之成份矣。
行閱得陳家霖，未謝刘，此人死了
年矣，冥々中似有前知存在也。

在大上海观 Grace Moore, Melvyn
Douglas 合演之"I'll Take Romance", 述
一歌舞伶人事，歌情節, Moore 所歌的甚美
惟多處 opera 者意的難欣賞。
十一時許寝，閱"Life"，天氣頗热。

[119—246]   **29 FRIDAY**   III Moon, 29th Day
Birthday of Emperor of Japan, 1901
四月廿九日星期五

晴　上海

事務之繁重每天為此工作, 已成数機械
矣, 無歡當暮電話震, 琳本笑, 並尚者甚至無
味之上境, 真年鬱悶殺也. 下午晚, 此同南声中
國銀行之會開之急, 累讀.

閱《家》数十頁, 读鸣凤死, 敘情凄切, 情
方叙会此段甚甚感動. 曾萎似已走上歧路
断. 終未逃脱這樣兒影 此只能稱之闭路人也.

在大光明观 Glenn Morris & Eleanor
Holm 合演之 "Tarzan's Revenge", 两人均為勁
志奥運動会之隊演導演, 演生童不佳, 此比較
於"Tarzan and His Mate"實別遥有意義.

將年刊之"Life"閱畢, 编辑生動, 实為最得意.
十一時許睡, 閱者少牛, 天新热.

[120—245]   **30 SATURDAY**   IV Moon, 1st Day
● New Moon, 1.28 p.m.
四月三十日星期六

晴後雨　上海

晨怒即得俊弟述凤愛事, 頗懷恨. 下午作函
復俊弟以脱離之决心, 並囑漢口至瑞州
華俄叙家一到. 因月俗事精兒. 在國泰观 Edward G. Robinson
到演之"A Slight Case of Murder", 述一犯罪匪徒, 戲稚快滑稽.
報載昨日東宣前宮战, 拳薩日機犯, 大快. 切紀國家事, 頗感動.
今日同如閱看. 十一時許寝, 读閱者. 和雨.

[121—244]   **May 1 SUNDAY**   IV Moon, 2nd Day
Second Sunday after Easter
May Day
St. Philip & St. James
五月一日星期日

晴後雨　上海

晨九時許起, 閱者数頁. 在南京观 Katharine Hepburn,
Ginger Rogers, Adolphe Menjou 合演 "Stage Door", 述一群好似
明星改名故事, 極後笑场面至十处之一. 對一 Mickey Mouse 题
"Clock Cleaners" 其佳. 晚十一時許寝, 热, 微雨.

康嗣群日記（1938年4月29日）：閱《家》，巴金只能稱之為同路人

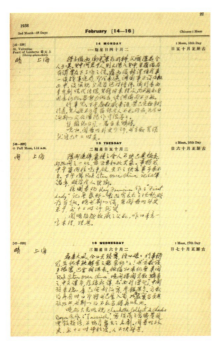 

康嗣群日记（1938年2月16日）：读斯诺书之复社译本　　　　康嗣群日记（1938年2月21—22日）：与靳以对张恨水《春明外史》之不同意见；靳以将离沪，心情伤感

桑、左拉、罗丹、都德、巴顿以及马克思、俾斯麦等名人，1956年前在英、美一直是禁书，其境遇和劳伦斯的名著《查泰莱夫人和她的情人》大致相仿。萧伯纳曾评价此书为"淫书中唯一一部读后不令人作呕之作"。《我的生活与爱情》共有五卷，1922年在柏林出版第1卷，时隔15年后的1937年，第5卷才在巴黎问世。而仅隔一年，康嗣群就已拥有此书，上海和西方在文化上的"无缝对接"当年就已见端倪。哈里斯《我的生活与爱情》中的情爱描写深深刺激了康嗣群，他并把这种思念和冲动坦率地写进日记，这也使这部日记更具真实性。

在众多朋友中，靳以和巴金当时与康嗣群来往最密切，在康嗣群的日记中，除银行的业务来往外，两人名字出现的次数较为频繁。巴金和康嗣群时常在一起吃饭、聊天，并将自己的代表作《家》和《春》的精装本赠送给他，这样的待遇在朋友圈中并不多。康嗣群几年前在重庆就曾阅读过《家》等巴金的不少作品，并曾对靳以说过自己的感受："与靳以谈及巴金，余谓彼所写人物类多轮廓模糊，渠亦承认。"（1938年1月18日）此次再读巴金的《家》，因阅历和心情不同，感受自然有异。康嗣群在日记中坦率记下了自己的读后感，不啻为今日之微博书评：

阅巴金《家》数十页。本书着力于写觉新，此次读时颇留意之，除夕一席话，声泪俱下，我亦酸鼻，较数年前在渝读时，印象全变矣！（1938年4月27日）

阅《家》数十页。此书系统无疑应属《红楼梦》，惟其中已加入"被侮辱与被损害"之成份矣。（1938年4月28日）

阅《家》数十页。述鸣凤死，颇为凄切。忆方叙曾云此段令其感动，觉慧似已走出新阶段，然余认为巴金君于此只能称之同路人也。（1938年4月29日）

昨夜阅《家》毕，颇感动。今日开始阅《春》。（1938年4月30日）

下午阅《春》为余页。此书为《家》之续编，又为"激流"之第二部。已将《家》中之高觉慧撇开，以高淑英为主人翁。以所阅过者论，似不及《家》之紧凑，且写法亦不如《家》为佳。因拟写高家之崩溃，于是招若干大事件以凑成之，不如《家》动人。整个意见当俟读毕始能言之。（1938年5月2日）

昨夜阅《春》毕。全书似急于结束，以余意见颇不及《家》。（1938年5月8日）

康嗣群和靳以（章方叙）的关系更非同一般，当时他们合租一屋，一起看电影、逛舞场、交流读书心得，晚上就寝之前的谈心更是经常之事，往往迟至子夜才各自就寝。靳以是新文学阵营的坚定分子，加上年少气盛，对旧文学作品难免不屑；而康嗣群则新旧兼收，性格冲淡，很少先入之见，故涉及具体作品，两人往往会有分歧，甚至不免争论。如对张恨水的《春明外史》他们看法就不一："靳以日来亦阅《春明外史》，随时加以攻击，余以为颇有文人相轻习气。张恨水固未必佳，然以新文学论，尚有水准在其下者也。余年来对各事均取持中之论，不愿作过份语，其亦受周作人先生影响乎？"（1938年2月21日）。但这并不影响他们的感情。1938年2月，靳以准备离沪南下，康嗣群知道后黯然伤神，在日记中写道："晚归来与方叙谈，渠约已决定于下月中旬启程赴蜀，今后寂寞当可想象矣。相聚日久，一旦言别，凄然之情，亦不觉自已也"（1938年2月22日）。靳以离沪后，康嗣群闻广州遭敌机轰炸，忧心如焚："晚报载广州又遭轰炸，死伤逾五千，余实为巴金、靳以担忧。"（1938年6月5日）6月底，靳以有事短暂回沪，康嗣群闻讯喜出望外：

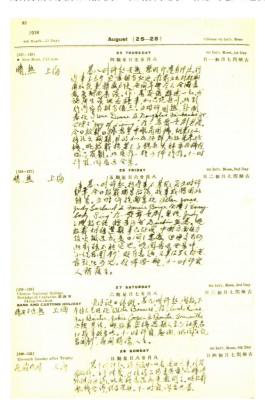

康嗣群日记（1938年8月26日）：阅《鲁迅全集》之《小说旧闻钞》

"得方叙电话,惊喜之至,约稍停会晤。"(1938年6月29日)这样的友谊是纯洁真挚的,也是令人羡慕的。

康嗣群在上海的"孤岛"环境中心情非常苦闷,他排解寂寞的主要方式,除了观看电影就是大量阅读各种中外书籍。1938年,胡愈之等组织复社,汇集鲁迅的各种著译,历经艰险出版了第一版的《鲁迅全集》,具体时间是这年的6月到8月。康嗣群在第一时间就购买了此套全集,阅读后记下了自己的感想:"晚阅《鲁迅全集》中《小说旧闻钞》,颇有意趣,先辈治学之勤苦,亦于此可见。"(1938年8月26日)更值得注意的是康嗣群对斯诺《西行漫记》的关注和阅后的心态变化。1936年6月至10月,美国记者斯诺在宋庆龄等人安排下前往陕甘宁边区进行实地考察,拜访了包括毛泽东在内的中共主要领导人,并对边区的军民生活和民情民俗作了大量调查。当年10月底,斯诺回到北平,经过几个月的埋头写作,1937年10月,英国伦敦维克多·戈兰茨公司出版了他考察陕甘宁边区的英文著作《Red Star over China》(《红星照耀中国》)。书甫一问世便震动了整个世界,仅仅几个星期就连续再版7次,销售超过10万册。《红星照耀中国》(《西行漫记》)的出版,让更多的人看到了中国共产党和红军的真实形象,也看到了新中国的未来。在此后的几十年间更是成为许多国家的畅销书,成了研究中国问题的首要通俗读物,标志着西方了解中国的新纪元。1938年7月,经过斯诺的修订增补,纽约兰登出版社印

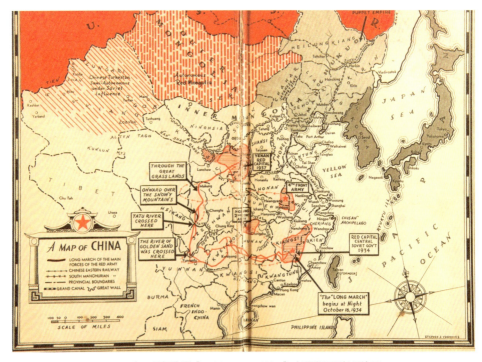

1938年7月纽约版《Red Star over China》中所附红军长征地图

行了《Red Star over China》(《红星照耀中国》) 的美国修订版，这也导致了此书在西方世界的影响更趋扩大。当时，《红星照耀中国》在国外流行，而在中国读者却仅有极少数人听说有此书。1937 年 11 月，斯诺来到上海会见了著名出版家胡愈之等中国朋友，就在他的住所里，他将英国伦敦戈兰茨公司刚寄来的英文版《红星照耀中国》样书赠送给胡愈之。胡愈之读后十分激动，决定立即翻译出版，并为之而成立了出版机构——复社，社址就设在胡愈之家里。编辑成员有胡愈之、郑振铎、许广平、张宗麟、周建人、王任叔等十多人，由张宗麟任总经理。仅仅只经过两个月，1938 年 2 月，由胡愈之策划，林淡秋、梅益等翻译，以复社名义出版的第一个中文版在"孤岛"上海问世了。为了便于在国统区和沦陷区发行，书名没有用《红星照耀中国》

1937 年 10 月伦敦版《Red Star over China》中所附红军长征地图

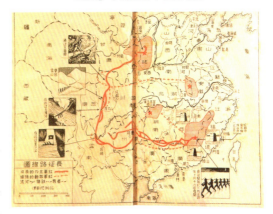

1938 年 2 月复社版《西行漫记》中所附红军长征地图

的原名，而是采用了比较含蓄的书名《西行漫记》，内容也相应作了部分改动。这几个版本当时在国内外都引起了很大轰动，先后出现了大量翻印本，国民党政府曾不止一次下令查禁此书，收缴的各类版本有十几种之多。康嗣群精通英文，并订阅有《North-China Herald》(《字林西报》)，《Millard's Review》(《密勒氏评论报》)，《Life》(《生活》) 等不少英文报刊，很早就关注到了斯诺的这本著作。1938 年 1 月 24 日，他几乎是第一时间就购买到了《Red Star over China》(《红星照耀中国》) 的翻印本，立刻先睹为快，并在日记中写下了自己的观感。和很多知识分子一样，康嗣群对当时占据一方根据地的共产党充满好奇却并不了解，出自外国记者之手的这本实地考察，可谓是一把打开神奇之门的钥匙，一下子揭开了他心中的很多谜团。康嗣群看此书看得很仔细，从其日记可知，从 1 月 24 日买书首日，一直到 2 月 16 日，连

康嗣群日记（1938年1月24日）：购斯诺《西行漫记》英文版

续二十余天，斯诺的这本书都在他的手边，抽空便阅读几页。开始他读的是英文版，以后靳以买来了中文版，他又读了一遍，并在翻阅之后，居然看出了后者对前者有修改并有错讹改动之处，可见他对书的内容已非常熟悉，一眼便能洞悉两者的区别。考虑到这本日记的珍贵性和史料价值，我们不妨把康嗣群阅读《西行漫记》的相关记载节录于下，便于大家鉴赏和研究：

1938年正月廿四日　古历十二月廿三日　上海　晴　午阴　夜雨

购翻印之Edgar Snow之《Red Star over China》，价四元，为作者在红军中观察之记载。阅数十页，语多伤及当政者，十年剿共政策，今日思之，当容有错误也。

1938年正月廿六日　古历十二月廿五日　上海　晴　寒
终日阅Edgar Snow之《Red Star over China》，记载尚属确实。

1938年正月廿八日　古历十二月廿七日　上海　晨晴　午阴　晚雨雪
读《Red Star over China》，毛泽东在Snow之笔下，至为称赞，其成功实自有原因在。

1938年二月初四日　古历正月初五日　上海　阴雨终日
下午读《Snow之Red Star over China》中毛泽东自传一章，颇有兴趣，其中于数围剿之记载，与前所闻于南京者，颇多出入，自亦立场不同之关系也。

1938年二月初七日　古历正月初八日　上海　晴
晚早归，阅Snow之《Red Star over China》，诸十页。

1938
1st Month—31 Days　　　January [27–30]　　　Chinese XII Moon

[27—338]　　　27 THURSDAY　　　XII Moon, 26th Day
晴，酷寒　上海　　正月廿七日星期四　　古十二月廿六日

着手準備舊曆年內各事，頗忙。
下午作書寄後，迭日未復信，以無暇，尚
未寄出，心仍記，擬隨即寄，今日無事時，
有表離書之幻像及旅客心，諸待陳納。
後園京晚Freddie Bartholomew, Spencer
Tracy, Lionel Barrymore 及 Melvyn Douglas
合作之"Captain Courageous", 係 Kipling
書改作，寫一男孩落海為漁民中人救得並長成
之故事，甚佳。
晚無事，閱筆記小說後就寢。
天奇寒，路上結冰。

[28—337]　　　28 FRIDAY　　　XII Moon, 27th Day
晨晴，午陰　上海　　正月廿八日星期五　　古十二月廿七日
晚雨雪

事務稍見年關閉係中國舊商場，或鈍。
讀"Red Star Over China", 毛澤東在
Snow之筆下甚像稻質, 其成功實自前原因在。
後園泰晚Leslie Howard, Bette Davis
及Olivia De Havilland合作之"It is Love
I am after", 將惡場喜劇，尚佳。
今日後仍無復來，直意之至，余書極當
已到達家庭，恩者能諒解我也。
欽一月份家費百三十元。
天氣奇寒，晚天氣陰灰，降雪。
歸來某新以談甚久，閱筆記小說少許，
即寢，已十二時矣，雪止。

[29—336]　　　29 SATURDAY　　　XII Moon, 28th Day
大鬧終日　上海　　正月廿九日星期六　　古十二月廿八日

君於屋宅皆有堆積不退厚，甚有北國風味。
得偽書，對余譚解備言達忽相之某，余宿房，
下午究寫一書，至前日131寄出。
往大光明院Eddie Cantor 之"Ali Baba
Goes to Town", 頗為有趣。理髮，余恐用不及
他作後為忙，為年實。經以大鬧，某新以談格即寢。

[30—335]　　　30 SUNDAY　　　XII Moon, 29th Day
晴　上海　　正月三十日星期日　　古十二月廿九日

急景殘年，離家不畏往歲，生以旅人眺之
別得為苦也。終日工作，直至晚間十時始
畢，為此慢感，實生平第一次也。
岑請伯來訪，畏誤所考。

康嗣群日記（1938年1月28日）：看斯諾書中之"毛澤东"

1938年二月初八日　古历正月初九日　上海 晴

阅 Snow 之《Red Star over China》少许。此人记长征诸役，令人神往，天下固无不劳而获者也。

1938年二月初九日　古历正月初十日　上海 晴

下午续读 Snow 之《Red Star over China》，红军之军事人材之多，实令人惊诧。军队加以政治训练，实为人民所需要之军队，国人当于此警惕，明其原因，慎而处置，改善之也。

1938年二月十三日　古历正月十四日　上海 雨

阅《Red Star over China》中关于徐海东部分，颇为有趣。

1938年二月十五日　古历正月十六日　上海 雨

下午阅《Red Star over China》记红军诸章，颇为令人快愉。

1938年二月十六日　古历正月十七日　上海 晴

饭后归来仍无事，阅《Red Star over China》，晚间得阅方叙购来之中文译本，为复社译，名《西行漫记》，中关于朱德一章已全部改写，参错甚多。

这些忠实的记载，正代表了国统区中很多知识分子对共产党从不理解到心存同情再到隐约怀有某种期许的心路历程，也是国民党失去民心的时间长链中的重要一环。康嗣群由此对红军产生了浓厚兴趣，凡有相关记载，都会找来阅读并记上自己的感受，如："得八月八日 life，内有中国红军照片，极为动人。"（1938年9月6日）康嗣群的感受，在当时知识分子中并非孤例。就在他阅读《西行漫记》的1938年，这座城市的另一端，另一个有着代表意义的知识分子邵洵美也在阅读毛泽东的书。当时邵洵美躲在霞飞路他美国女友项美丽的家中协助杨刚翻译毛泽东的《论持久战》。他在阅读此书后为之深深折服，在自己主编的杂志上发文赞叹："这本《论持久战》的小册子，洋洋数万言，讨论的范围不能说不广，研究的技术不能说不精，含蓄的意识不能说不高，但是写得'浅近'，人人能了解，人人能欣赏。万人传诵，中外称颂，绝不是偶然事也。"（刊《自由谭》，1938年第1卷第2期）这其实正是那一代知识分子人心向背的一种悄然体现，高楼大厦就是这样因地基松动而导致一层一层倒塌的。

日记中的隐秘角落

有关人物研究的第一手文献，历来有直接资料（日记、书信、回忆录等）和间接资料（传记、年谱等）之分，这些文献大大丰富了读者对历史人物多重面相的认识。一般而言，直接资料的文献可靠性要大于间接资料，而在归于直接资料的日记、书信和回忆录这三种特殊文体中，其可信度又大抵是按照顺时针顺序的：即以回忆录的可靠程度较低，书信次之，而日记的可信度应该最高一些。如综合比较，此言当属确然。日记最个人化也最具私密性，是最直接袒露心迹的第一手资料，很多时候，就其揭示人物内心世界的真实性来讲，它们往往要比作者公开发表的文章可靠得多，而且，它们本身所具有的当时语境和丰富细节及给阅读者所带来的身临其境的现场感，是读后人选择性的描写阐述决不可能有的，日记也因此更凸显其价值，更受到人们重视。

说到日记中的私密性，也即隐秘角落，有人可能不以为然或不屑一顾，认为不应强调这些。我并不如此认为。文人日记中常常会有不少学界文坛的轶事甚至八卦，包括一些隐私秘闻及彼此间的感情纠葛、人情往来和爱好情趣，以及不足为外人道的琐细之事等等，似乎花边新闻、小道消息，格调不高，不必重视。其实，这些倒可能是真正的心声，既接人脉地气，又格外生动湿润，是难得的第一手资料，不容也不应错过。只要仔细辨析，严肃考证，是可以由小见大，由此及彼，由外视内，从中悟出不少道理的。

所谓隐秘，大都属于个人情感，日记中这方面的隐秘最多。有些虽然很隐晦，只留下蛛丝马迹，如胡适在日记中关于曹诚英、关于韦莲司的记载，虽然很难辨，很模糊，但还是有些许痕迹，为日后人们考证留下了伏笔。再如鲁迅。鲁迅和其弟周作人的关系本来一直很密切，这种友好的关系一直维持到1923年的上半年就戛然而止了，很突然。鲁迅和周作人的失和，在两人生涯中都是一件大事，这件事影响着他们的一生，也引起很多研究者的关注。但相关的文献却很少，尤其缺少两个当事者的直接叙述。鲁迅和周作人都有日记存世，很多人寄希望于此，以为能从中找到答案，结果也是失望。周氏兄弟的日记主要是写给自己看的，很多事就是寥寥几笔，留下一点痕迹而已，旁人可能根本看不出什么奥秘。当然，他们绝不是对此漠不关心，只能说这件事对他们兄弟而言太过于沉重，是刻骨铭心的创伤，这种伤，大到实在无法用文字来简单叙述，那就干脆沉默，记在心里吧。

20 世纪 20 年代中期的包天笑肖像照

概言之，历代存世的日记数量不少，呈现的情况极其复杂，虽然和其他文献相比，日记的史料价值最值得重视，但就个体而言，具体情况还要作具体分析。对一部日记首先须整体判断是否基本可靠，主要是自用还是示人？并应该将其所思、所记置于特定的历史环境中思考研究；其次对具体细节要详细考证，要援引各方面材料（包括同时期同阶层人士的日记）进行核实，反复比较、勘核，这样才可能揭示真相，得出比较正确的结论。对文字的解读往往需要很多学者甚至几代人的努力才有可能明晰可辨。近代日记中这方面有很多例子，这里我们且略举一例：1925 年至 1926 年之际，包天笑在日记中有意无意透露的日本领事署收买情报之事，就是值得我们关注的。现把包天笑的相关记载节录于此：

包天笑日记封面

1925 年 5 月 29 日

夜余大雄宴日本副领事长冈君，日本会审官田岛君，领事馆书记官工藤君于悦宾楼。田岛善饮，长冈则中国甚流畅，彼国之所谓支那通也。

1925 年 7 月 4 日

晚至日本领事公馆，晤长冈，赠《留芳记》二册。工藤君嘱调查事，系大意如下：
中国青年最近之思想：一、自欧战以后。二、自华府会议以后。三、俄国共产主义之侵入。四、国民党与共产主义。五、其他。

1925 年 8 月 9 日

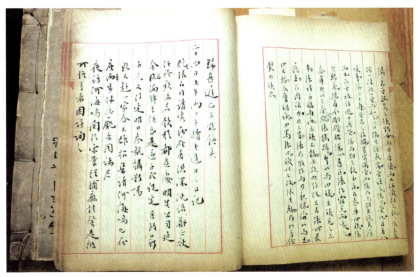

包天笑日记内页

日署长冈副领托购《上海黑幕大观》一部，觅得旧者一部送往之。

1925年10月5日
至日领事署领八月份薪日金百圆。

1926年1月29日
造《上海华字新闻调查表》，日领署所委托也。

1926年1月30日
造《上海华字新闻调查表》。昨仅做好一绪言与申、新两报，今日则做好时报与时事新报。划格填写颇觉麻烦。

1926年1月31日
撰《上海新闻调查表》。今将神州、民国、中华、新中、商报以及晚报等均调查填表。

1926年2月1日
撰《上海通信社及杂志调查表》，至天明始竣。本约一月底交卷，已迟二日矣。

1926年2月2日
至日本领事署，即将调查上海新闻通信社、杂志各表交彼。长冈不在署，交工滕。

渠托询上海县志。以电话询康侯，云：上海新志，民国十年修，尚文门内也是园出售，每部三元。

1926年2月5日
约余大雄同至日领事署，领九月份至十二月薪水。

很显然，包天笑在日记中所叙的这种行为绝非只是日本领事的个人兴趣，否则他不可能用公款来支付这笔费用，联想到他们在抗战前对中国各地地形的大规模测绘和对中国民俗民情的有意识研究，事实应该很清楚。日本对中国是怀有野心的，长期、有步骤地做了大量准备工作，从情报角度来说，他们确实是一流、坚忍不拔的。就包天笑他们来说，有可能会认为，这些都是公开的，并非什么机密的事情，自己只是更专业，更为熟悉一些，做做也无妨，更何况有不菲的金钱回报。但事实上，我们不能不认为，日本领事署的这种行为就是典型的收买情报，而余大雄、包天笑等人则有意或无意作了他们的工具。

值得一提的是，有些现在认为是隐私犯忌之事，几十年前、几百年前可能并不以为然，甚至司空见惯。如夫妇关系之类事，历来是作为人伦关系之一，受到重视，甚至有人写进日记。古代文人在写到此类事时，一般会含蓄地用"敦伦"这个词。现在很多人对这个词并不理解，不少词典也没有它的身影。据说还有人发过质疑：是否把"伦敦"写颠倒了？其实，此"敦"非那"敦"，此"伦"也非那"伦"，在古汉语里，这是使动结构的用法，"敦"是动词，"敦睦"之意，用现在的话来说就是"使……和谐"；"伦"是名词，即我们常说的"五伦"。哪五伦？所谓"父子有亲，君臣有义，夫妇有别，长幼有序，朋友有信"是也。因此，"敦伦"一词说白了就是夫妻和睦。清代教育家李刚主以板直坦荡著称，自负不欺之学，在其日记里就有"昨夜与老妻敦伦一次"这样的记载，为此还遭到袁枚的嘲笑（《答杨笠湖书》）。日记的最大特色在于私密，本应仅限于一人或极少数相关之人阅读，而事实却远非如此。很多名人因其名气或成就引人瞩目，与其相关的一切也就几乎无所遁形，致使其日记以及私信等特殊之物或不愿或自愿而公之于众。而众人对于私密性极强的名人日记也往往抱有极高的兴趣，常常用围观的心情或偷窥的心态或八卦的心理而对待之，并从中得到愉悦。前几年就有人考证，鲁迅日记中的"濯足"一词就是"性交"之隐喻，激起争辩，引出不大不小的一场风波就是一例。

上面所说其实都是正常的夫妻关系，本质上并不犯忌，只是人们一般不会公开讨论而已。然而即使是非正常的男女关系，古人往往也并不忌讳，至少在一定场合如此。如

胡适像

当时文人之间聚会餐饮,兴致一来,叫局唤妓是常有之事,故多有在日记中记上一笔的,像王韬、包天笑等从晚清过来的旧文人,视其为家常便事,并不隐瞒,日记中此类记载比比皆是。晚清文人孙宝瑄甚至在其《忘山庐日记》中记载了自己与同性名伶之间的暧昧暧昧关系,这部日记当时是在很多文人同僚之间公开传阅的。而一些民国成长起来的新文人,虽然积习难改,但观念已有变化,以之为耻,多有躲闪;媒体对他们的要求和监督也有所不同。如民初时期的胡适正当英俊少年,这个年纪的人正处在从旧到新的过渡阶段,某些方面沿袭旧习是可以想象的,叫局之类的事对他来说并不陌生,事实上,他在早年日记中对此也并不避讳。但在新文化运动之后,特别是他已成为这项运动的一面旗帜之后,再要坦然面对已难以做到。对此,当时和他有交往的包天笑在日记中就有鲜活生动的记载:

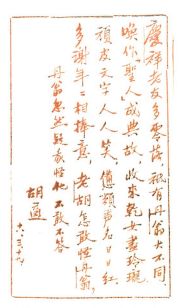

胡适1929年写给老友张丹斧的《答丹翁诗》,回忆清末时期他们在庆祥里编辑《竞业旬报》的情形

1925年10月21日

夜,冯叔鸾在瑞娟处请客,座中有胡适之。初次与胡见面也,互道倾慕之忱。叔鸾言胡亦好游,但恐为报纸所载,千万嘱勿寻彼开心。有人荐一堂差与胡,曰真侠女。胡去岁曾留须,今已剃去,因云去岁曾偕千里欲来奉访,后遂不果。

1926年3月5日

撰《晶报》(一)胡适之底吃花酒尝试(胡适之在宝蟾家吃花酒,为大雄所调查得,余为纪之,语多调侃)。

1926年3月10日

胡适之自登出《晶报》一篇文后大窘,昨亲至晶报馆,余急避之。今夜胡宪生(胡敦复之弟)又来访大雄。

无独有偶,在包天笑笔下,名剧作家洪深亦有此好,并且特别迷恋名妓湘林,常在她处请客宴友,当然,赴席的多为旧文人,彼此同好,视之为当然,不会尴尬。这就是所谓"因时而变",人的思想观念必然会受到时代的影响,我们在省视历史人物时应该注意到这一点。

一纸飞鸿
——中国近现代文人手札漫谈

中国是一个具有几千年文明的国家,历史上每一次变革,都伴随着思想和文化的碰撞。晚清民初近百年间,风云激荡,大浪淘沙,所有的热血豪情,艰苦卓绝,都与文人志士休戚相关。他们是历史创造者中一支不可或缺的力量。所谓"文以载道""文能证史",宏文巨著是为文,零简断章亦为文,两者之间只有大小之分,并无轻重之别。文人书简,私人往来,故能坦诚相对,无所不谈,不虞泄密,更见价值;且因多未公布,流传不易,利用更少,一旦公开,更显珍稀。旧时通信不便,人际交往主要依靠书信联络。文人大都身居显赫位置,受过良好教育,因他们特殊的身份地位,决定了他们与当时社会的政治、军事、经济、文化等诸多方面关系密切,影响深远。他们的信函墨迹,虽然可能篇幅不长,甚至仅片言只语,但书法底蕴普遍深厚,内容也往往具有文献价值。信函书札都是"孤品",不仅包含着史料、艺术、文物等多方面的价值,对研究历史人物及其所处时代亦不可或缺,而且内容可信度很高,相对书画作品而言,赝品也较少,故历来受到人们重视。鲁迅曾撰文论述信函书札的价值:"远之,在钩稽文坛的故实,近之,在探索作者的生平。而后者似乎要居多数。因为一个人的言行,总有一部分愿意别人知道,或者不妨给别人知道,但有一部分却不然。然而一个人的脾气,又偏爱知道别人不肯给人知道的一部分,于是尺牍就有了出路。这并非等于窥探门缝,意在发人的阴私,实在是因为要知道这人的全貌,就是从不经意处,看出这人——社会的一分子的真实……所以从作家的日记或尺牍上,往往能得到比看他的作品更其明晰的意见,也就是他自己的简洁的注释。"(鲁迅:《孔另境编"当代文人尺牍钞"序》,载《且介亭杂文二集》)要言之,文人书简虽为短章,和长篇宏论相比,其在展现历史细节,显露文人性情方面却尽有其独特优势,两者各有短长,未可偏废。

一

　　书简虽小道，其间显示的文化意义和人格魅力却不容小觑。周作人于1929年8月曾致刘大白一信，事涉20年代末北平大学区风潮。发生于1928年至1929年的北平大学区风潮，是一场由于南京国民政府改革教育行政制度而引发的学界反抗运动。当时南京政府准备施行大学院及大学区制，其中一项计划即欲将北大、北师大等北平国立九校合并改称为中华大学，由李石曾担任校长。这项计划进程复杂，涉及各校不同利益及教育经费的分配，很多学生表示反对，北大等校纷纷开展复校独立运动。当时周作人已是知名教授，分别在北大、北师大、女师大及女子学院任课，受学生委托，向时任教育部常务次长、但却从未谋过面的刘大白写信，请其向教育部长蒋梦麟进言，使风潮早日解决。周作人认为，北平九校合并虽有其一定道理，"唯各校各有其历史，不易融合，且多与李石曾先生有意见，曾大加反对，现在大学已停止，遂有非分立不可之势"，故独立"于理并不甚悖"。现既已同意北大、北师大独立，其他各校将"以九校一律平等为口实"，势必"有许多宣言请愿等将纷援"，因此"大可就此一律解放，省却好些纠纷"（1929年8月周作人致刘大白信）。周作人的信虽然未必能起什么实际效用，但却体现了知识分子对时局关注，

周作人致刘大白函-1

欲借助自己社会影响力帮助学生，尽其所能的优良传统。1947年的《十老营救被捕学生函稿》也是这方面的一个很好例子。抗战胜利不久，内战全面爆发，物价暴涨，经济崩溃，教育经费严重匮乏，人民陷入空前灾难之中。"反饥饿、反内战、反迫害"成为不可阻挡的历史潮流，全国各地学生相继举行罢课并游行示威，当局则进行弹压。1947年6月，为营救上海各校被捕学生，由陈敬第（叔通）、张元济出面，起草了致上海市市长吴铁城、上海市警察局局长兼淞沪警备司令部司令宣铁吾的函稿，表示学潮"为尽人所同情，政府不知罪己而调兵派警，如临大敌，更有非兵非警，参杂其间，忽而殴打，忽而逮捕，甚至有公开将逮捕之学生送往中共占领地之言，此诚为某等所未解"。呼吁市府"以静持之，先将被捕之学生速行释放，由学校自与开导；其呼吁无悖于理者，亦予虚衷采纳，则教育前途幸甚，地方幸甚"（1947年6月唐文治、陈敬第、张元济等十老致上海市政府函稿）。函稿由唐文治领衔，张乾若、李拔可、陈仲恕、叶揆初、钱自严、项兰生、胡藻青等十人签名，送达市府。难能可贵的是，上海图书馆收藏的这份函稿保留了从草稿开始，历经第一稿、第二稿直至最后定稿等全部过程，形成痕迹历历可辨，期间陈叔通、张元济等发起人心

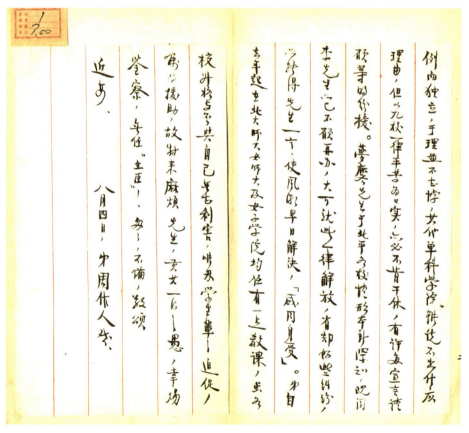

周作人致刘大白函 -2

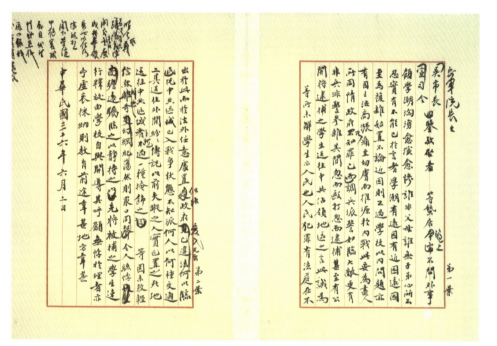

陈叔通、张元济等十老1947年营救学生函

思绵密,既要借重老人的影响向政府施以一定的压力,一切从事件圆满解决处着手,又须时时处处为签名者安全着想,不能出半点意外,胆气之凛然,处事之谨慎,经验之老到,令人感佩。

二

　　研究历史往往会碰到很多困惑,有些事件的内幕若隐若现,关系错综复杂,细节模糊不清,令探究者大有陷入"山重水复"之困境;而随着当事人来往书信的发现披露,真相水落石出,这时往往会有"柳暗花明"的愉悦。林纾、高凤谦、汪康年之间关于《巴黎茶花女遗事》一书的通信披露就是生动一例。1899年春,林纾和王寿昌分别以"冷红生"和"晓斋主人"的笔名合作翻译,由魏瀚出资,请当时福州最著名的书坊主人兼雕版良工吴玉田刻版,发行了法国小仲马著《巴黎茶花女遗事》一书,由此拉开了晚清小说界革命的序幕。但真正让这部书风行全国的,是同年夏天,上海报人汪康年获得小说版权的转让,迅速推出"素隐书屋"版铅印本,并借助手中的报刊版面广泛宣传,是书由此始广为人知,"冷红生"的真实身份也被揭秘,近代文学史上才得以诞生"林译小说"这一专有名词。其间内情颇为复杂,可谓一波三折,诸如福州"吴玉田本"雕版印刷所耗费的成本、高凤谦中介"茶花女"译本版权转让的内幕、林纾对汪康年"重价购取"宣传的不满、"素隐书屋"版"茶花女"出版的大致时间和印数等内情的考证揭秘,均有赖于上图所藏"汪康年师友书札"的出版披露。其中，林琴南致信汪康年，声明"不受酬资"的"礼貌抗议"虽然只是一段小插曲，但也因凸显了那个时代的文人心态而颇具意义。在稿酬制度出现初期，社会对它的看法仍受传统观念所支配，为报馆书局写稿取酬仍被视为文人耻辱，不是迫于饥寒，少有人肯为。林琴南等译《巴黎茶花女遗事》本移情之为，非赚钱之举，而《昌言报》刊登"告白"，称本报系用"重价购取"出版此书，当然引起林的不满，认为有损他的清誉。遂致信汪康年，声明不愿收受酬资，要其更正此事，并示意高凤谦也写信督促。汪无奈只得照办，在报上刊出"承译者高义，不受酬资"的"告白"。而仅时隔数年，林琴南就以十分坦然的心态与商务印书馆签订了千字六元的稿酬合同，在此期间，文人随时代发展而变迁的心路历程耐人寻味。这里还有一个关于具体细节的生动例子。在近代作家中，周作人绝对算得上是笔名繁多的一位，他自己也承认："我的别名实在也太多了。"（周作人：《知堂回想录·我的笔名》）其中，"寿遐"一名是大家所熟知的，源出《诗经·大雅·棫朴》"周王寿考，遐不作人"句，和本名"作人"同出一典。后来，周作人将"寿遐"易为"遐寿"，并一直为其所沿用。历来研究资料皆未详这一易名缘由。1950年周作人出狱后给康嗣群写的一封信中正好述及此事："笔名前用寿遐，近由方纪生为托陆和九刻一印，乃误为遐寿，方君拟请其重刻，但觉得篆文很有意思，且改刻缺少兴趣，难得刻好，故宁改字以从之也。"（1950年10月30日周作人致康嗣群信）其实，中国本有"龟鹤遐寿"的成语（源出晋·葛洪《抱朴子·对俗》），陆和九误刻很可能即因此，而周作人当时的处境也不容他太较真，故将错就错了之，成就了一则印坛轶事，亦为一有趣的文坛掌故。

三

朋友通信常因关系密切而互通心声，倾吐肺腑，这就为人们最近距离地接触他们的思想和生活状态提供了可能。这里试举一例。大家知道陈望道先生毕生从事语文学科的教学研究工作，是中国现代修辞学的开拓者和奠基者。他在这方面最主要的著作是《修辞学发凡》，至今仍是各高校汉语言文学专业的必读书。这本书由上海大江书铺于1932年分上下册出版，全书12篇，引用著作约250部，单篇论文约170篇，文言、白话各种文体兼收并蓄，创立了中国第一个科学的修辞学体系，开拓了修辞学研究的新境界。正如《马氏文通》被公认为我国第一部系统的语法著作一样，《修辞学发凡》也被学界誉为中国第一部系统的修辞学著作。陈望道先生写作此书抱有宏大志愿，故发奋苦读，专研数年，奢望甚深，他于1924年6月在写给柳亚子的一封信中，向朋友倾吐了他的激情："近编《修辞学发凡》，用功颇勤，每每彻夜不眠；大白攻研'文学史'，亦是如此。我们两人都抱奢望，一思证明新文学并非是江湖卖浆者流的市语，所有美质实与旧文学迩而能跨上了一步；一思证明新文学系旧文学衰颓后的新兴精神。前者是我底愚诚，后者是大白底使命。我

徐悲鸿致陈从周函

们两人，都是立誓不做文言文，甘愿受人说是不通文言文的人；此次工作，就是想站在自己的立脚地上，再加文言文以一拳或一锥，是否亦如博浪沙中虚费精神，则所不计。"（1924年6月陈望道致柳亚子信）字里行间，作者的历史使命感和甘为创建新文化献身的精神清晰可见，而这种赤忱坦率在公开发表的文章中大概是难得一见的，这也正是私人手札的魅力所在。

无独有偶，徐悲鸿在新中国建国初和陈从周的几封通信也尽显其画家本色。陈从周是诗人徐志摩的姑表妹夫，从小就对表兄十分仰慕，1931年11月徐志摩因飞机失事不幸遇难，他在悲痛之余立下为其写传的宏愿。经过十多年辛勤收集准备，于1949年9月间先完成年谱初稿，遂以私人印行的形式在上海问世。当时正值政

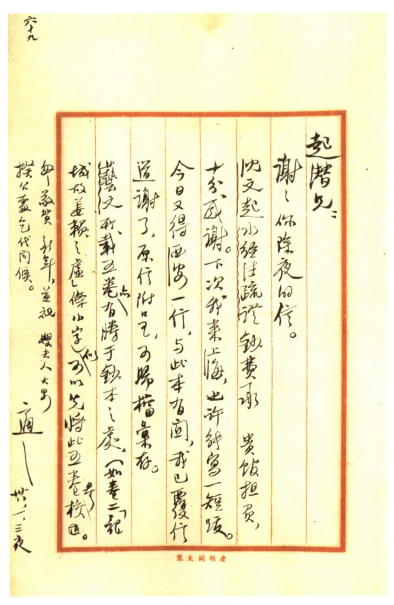

胡适致顾廷龙函

权更替，社会巨变，而徐志摩又正是被批判的"资产阶级诗人"，出版这样一本书委实不合时宜。故当陈从周寄书给徐悲鸿并征求是否可以正式出版时，徐悲鸿很快回信，对他从事徐志摩年谱一书的写作直率表示不赞成："志摩年谱鄙意出版后欢迎者恐不甚多，盍用精力从事其他工作乎？我在1939至1940被太戈尔翁聘至圣地尼克坦，知翁对于志摩印象甚好，但他到中国讲学我尚在欧洲，完全不明白。我与志摩相识在1922德国柏林，过从并不密，我们对于美术看法亦不一致（他主张时髦的形式主义），其人确甚可亲。"（1949年10月21日徐悲鸿致陈从周信）文字之间，既有对当下时局的清醒把握，然也难说没有以往个人纠葛之影响，回想当年两人之间有关"惑"与"不惑"的那场争论，不禁莞尔。徐悲鸿对张大千在画艺上的造诣欣赏而钦佩，1949年全国解放后，张大千因故滞留境外，他的回归也一直成为徐悲鸿的心事，并为之多方努力，设想周详。在致陈从周的信中他多次谈及此事，对张大千回归大陆的殷殷期盼之情也显露无遗："大千先生住印度恐系无可如何。我们希望他来北京与我们同样生活，若照他以往之豪华情况则不可能矣。如通函希为致意。"（1949年10月21日徐悲鸿致陈从周信）"大千先生返国之事，我与同人皆在商讨，因为既归便难再出，必须计划妥当方可去信，既去信必求尽效，以是迟迟。"（1951年1月12日徐悲鸿致陈从周信）"我已正式作书致大千先生，邀之来京，想能成事实。"（1951年2月26日徐悲鸿致陈从周信）虽然由于种种原因，张大千最终未能归国，但我们从这片言只语中确能感受徐悲鸿昔日所赞"五百年来一大千"之真情。

  人们在公开行文时经常会说些言不由衷的门面话，仅仅以此去推测一个人的真实想法并不可靠，如果能结合他的私人通信来判断往往更为靠谱。这方面，不经意间的私情流露可能更能看出一个人的真实本性。比如很多文人都当过官从过政，也的确有不少人因此而成了一个圆滑的政客，但这并不等于说这些人都是政客，不少人骨子里流淌的还是文人的血液。文人与政客的最大区别，在于他的主要兴趣和牵挂始终在学术上，虽然由于种种原因，其不时会参与政治，甚至有时可能会陷得很深，但只要一有机会，他仍然会义无反顾地返回原点，学术才是他的真正立足之处，他的生命所在。1948年至1949年间，正是国共交战激烈，政权即将更替的非常之际，很多政客都惶惶不安，处心积虑地为自己准备后路。而担任过国民政府高官的胡适，此时却醉心于《水经注》的研究，几次从北京来上海，到合众图书馆查阅有关图书资料。这期间，他撰写的有关学术论文就有六篇之多，就《水经注》的版本问题和徐森玉、顾廷龙、陈垣等人的通信也有4.8万余字。当时远在西安的国立西北大学发现了《水经注疏证》的稿本（钞本），胡适因此而欣喜若狂，迫不及待地向主持合众图书馆工作的顾廷龙通报这"绝妙的喜信"，并要求借阅或借抄一部。显然，这时的胡适才是真情流露的他，其文人本色在这非常时刻显露无遗。

四

  文人手札，是中国传统文化遗产中不容忽视的一部分，它的形式多种多样，如信札诗束、公函电文、便条名片等；书体也是各擅胜场，涉及真、草、篆、隶，可谓诸体俱备；其内容更是丰富多彩，政治、军事、经济、文化等无所不包；至于家庭训语、恋人情书乃至文人之间的牢骚讽语，也是手札中颇为引人瞩目的一道风景。省视欣赏这些书札，几乎都沿袭着中国传统手札的形式：笺纸典雅，毛笔书写，起首、结尾、修辞、遣句、表意、抒情，不越传统藩篱，字迹绚丽多姿、张弛有度，语言博雅圆融、逻辑谨严，字里行间透着学者的修养才情，片言只语洋溢着文人的精神风尚。进入民国以后，文人手札有了较大变化，仅从外观形制上来看：文字，从文言到半文半白再到基本白话，变化痕迹清晰可辨；书写，从毛笔到钢笔，基本各半；信封，从中式红条封的一统天下到普通西式封的普遍使用，潮流尽显；邮路，从驿站、邮局、民信局的三分天下到邮局的一统江湖，趋势已不可逆转。至于信纸，晚清文人之间通信还普遍使用各式花笺，民国期间已不拘一格，就是使用笺纸，也显示出鲜明的时代痕迹，本书收录的王蘧常致仲诰信，笺纸图案选择的就是电影女明星的照片，二十年间变化可谓巨大。还有一个比较有趣的现象，就是明信片的使用。明信片这一邮政载体发明于19世纪60年代末的欧洲，不到十年，这一新颖实用的通信用品就传入中国，而且，在随后的几十年间，明信片在中国的发行、使用得到了社会各界，尤其是中上层人士的广泛认可。清末民初，明信片已成为文人雅士、达官显贵的喜好。当时把寄发收受明信片，特别是旅游、留学途中寄发印有异地民俗风光的风景明信片视为一种时尚，蔚然成风，举凡朋友问候、互通信息、报告行踪、喜结同好、询问故交、倾吐胸臆、通告大事等，明信片都是一种迅捷简便的联络方式，因此，它堪称中国近代史上的奇特一页，而与许多重要人物、重大事件结有关系；明信片本身也因其所蕴含的丰富历史信息而成为风靡世界的收藏品。明信片上的信息具有强烈的真实感和难得的文献价值，它们有的揭开了信主过去少为人知的生活的另一面，有的纠正了过去文献中的错误史实，有的则提供了以往从未发现过的新鲜史

高梦旦致汪穰卿函

料，因而颇受各界的重视。

五

自2011年起，受宏观经济走弱影响，拍卖市场遭遇寒潮。与此同时，名人手迹在收藏界却异军突起，逐渐成为拍场新热点，而兼具历史价值和艺术价值的晚清民初文人手札更受欢迎。其实，前几年这种迹象已渐显端倪，一连串的数字曲线将这种趋势归纳得清清楚楚，关心市场的研究者自然心知肚明。这里，不妨略费笔墨，列举数例：

2002年中国书店的春季书刊资料拍卖会上，郑振铎致董康的一通三页信札，以2.5万元落锤成交。

2003年中国嘉德拍卖会上，孙中山致叶恭绰信四通，以111.1万元成交。

2005年中国嘉德秋拍，郁达夫致王映霞的8封情书以37.4万元拍出；而钱锺书致吴祖光的一通信札，虽不到10行字，也以2.53万元的高价成交。

2008年中国嘉德拍卖会上，徐悲鸿20世纪30年代"婚变"事件中的两封书信，以37.4万元易手。

2009年5月28日，在中国嘉德2009春季拍卖会古籍善本专场，13通27页"陈独秀等致胡适信札"以554.4万元拍出。此后，国家文物局依据《文物保护法》的规定，首次实施"文物有限购买权"收购了这批文物。7月27日，这批文物正式入藏中国人民大学博物馆。"陈独秀等致胡适信札"主要是1920年至1935年间陈独秀写给胡适的信，内容涉及1920年《新青年》独立办刊事件、1920年《新青年》编辑同人分裂事件、1920年上海学生罢课游行运动、胡适参加段祺瑞政府"善后会议"事件、陈独秀狱中出版文稿等，为新文化运动史和中共建党史的研究补充了许多史料。而胡适与陈独秀数十年来由最初的挚友关系渐渐分道扬镳的恩怨情意在信中亦处处可见。

2009年秋拍，一页五行的张爱玲书信，在香港新亚书店第二届古旧图书拍卖会上，被买家以近6万港元拍走。

2010年德宝拍卖公司春季拍卖会上，名人手札备受藏家青睐，成交近九成。其中，第1号拍品，叶德辉致瞿良士信札，落槌价为3.5万元；第44号拍品，王韬致李盛铎信札，成交价也是3.5万元；第64号拍品，胡适致沈性仁信札，经过激烈竞争，最终以30万元高价成交。

2010年5月18日，中国嘉德2010年春季拍卖会上，李大钊致胡适信札一通十页及周作人致李大钊信札二通三页，最终以280万元被拍出。这两通信札因涉及当年陈独秀、胡适抢争"新青年"之名，李大钊、鲁迅、周作人等人从中调停等内幕，具有重要文献价值而被定为国家一级文物。

2011年秋拍，钱锺书1947年致黄裳信札二通，以14.95万元成交。

2012年5月，中国嘉德的拍卖场上，朱自清给唐弢的一页诗束，最终以高出估价19倍的161万元价格成交。

2012年12月，北京匡时开设"南长街54号藏梁氏重要档案"专场，其中不乏信札，揭示了关于保皇会、立宪运动、护国战争、五四运动等诸多历史往事的隐秘细节，最终146件拍品全部成交，共拍得6709.2万元，不少拍品均以高出估价数倍至数十倍的价格成交。其中梁启超致梁启勋"反对袁世凯称帝"信札，25万元起拍，最后以356.5万元成交，超出起拍价13余倍；梁氏关于创办《国风报》宣传立宪思想的信札，18万元起拍，264.5万元成交。

2013年5月，中国嘉德春拍，曾国藩写给其弟曾国荃的130页家书，拍出了356.5万元高价。

最近的例子，2013年11月北京嘉德秋拍，鲁迅1934年6月8日致陶亢德谈日语学习的一纸信函，以570万元高价拍出。此信共220字（不含标点），平均每字近26000元，再加上佣金（655.5万元），可谓一字三万金矣。

数字可能枯燥，但却不会作假，自有其内在规律可寻。对研究历史、欣赏艺术来说，一本书籍就是一个故事，一串铜钱便是一段记忆。从这个意义上来看，这些历经沧桑存留下来的一页页名人信札，不但是前贤们用他们的生命和智慧刻下的岁月深痕，更是那个年代珍贵的文化物态形式。相比于复制件，亲眼目睹、亲眼触摸名人真迹而产生的震撼及引发的联想绝非仅仅过目复制件可以比拟。阅读印刷或电子文本固然能满足人们对于信札文字内容的基本需求，但对研究和审美来讲，它还欠缺很多。面对电脑接收电子邮件，信息的制式化已将过去书迹墨痕所拥有的人性完全抹杀，互通信息的双方，已无法藉由手写心感的视觉与触觉获得发自内心的关怀，人际关系接触虽然更为便利，但人性的淡漠也由此更趋于严重。而这种一纸在手触摸感受到的物质性，充满着前人的气息和历史的细节：纸张的不同质地，彩笺的绚丽多姿，前人留下的点滴痕迹，书写人心情的流露宣泄，中国传统书法特有的点、顿、撇、捺等痕迹的微妙变化，邮路的辗转险阻……信札实物的赏鉴与电子文本的诵读，两者之间的审美距离实非道里可计。文人手札是同时具有物质文化属性和非物质文化属性的珍贵文化遗产，她在见证历史、记录细节、珍藏亲情、传承文明、教化社会等诸多方面的优势和价值，都是显而易见的；其内涵和外延之广阔，也是其他文物所无可替代的。如果有一天手札失去了她的物质文化属性，只是成为了一种非物质文化遗产，那将是你我大家的失职，更是人类文明的悲哀！

（注：本文所引文字，除另外注明外，余皆出自2013年11月上海图书馆主办的《一纸飞鸿——上海图书馆藏尺牍精品展》及由上海古籍出版社同时出版的图录《中国尺牍文献》一书）

刘德斋的手稿

近年来，学界围绕土山湾展开的研究，虽然还不能说已是显学，但呈现越来越热的趋势却是事实。拍卖公司曾多次上拍有关土山湾的文献，网上更是热闹，书籍、期刊、照片、画作、信札等，举不胜数，当然，是真是假得靠你自己的慧眼。

2015年12月，西泠印社秋拍中有一批"中国西洋绘画的摇篮——土山湾画稿、文稿史料"上拍，其中共有文稿113页，画稿258页。其中文稿部分中的《土山湾札记》16页、《土山湾参加清末上海、南洋劝业会经过》39页等，虽然都是草稿，但明显出自画馆主任刘德斋的手笔，是当年的实录，颇具文献价值。此拍品成交价加佣金仅为57.5万元，买家可称识家。

刘德斋肖像照

其实，很多有关土山湾的拍卖品，都和刘德斋有关。上海博古斋2015年古籍春拍中，第1358号拍品是《苏州府刘氏家传杂存及乾隆四十一年续修世谱》，其实此即刘德斋亲笔辑录的刘氏家谱。刘家祖居常熟罟里，属苏州府管辖，故名"苏州府刘氏家传"。此拍品首页还有当时的徐家汇藏书楼主任张渔珊的题跋，交代流传情况，更显价值。长期以来，刘德斋的生平及其家世，一直云遮雾绕，充满神秘。依刘氏家族的渊源历史和在常熟的显赫声势，必有家谱传世；如能找到其谱，很多问题当能迎刃而解。此册《刘氏家传》，虽仅为节选"杂存"，但已足感欣慰，为土山湾研究之重要发现。此谱再现，罩在常熟刘氏家族身上的神秘云雾可谓已拂去一半。常熟刘家虔诚信教，对教会事业多有贡献。1847年3月，法国耶稣会梅德

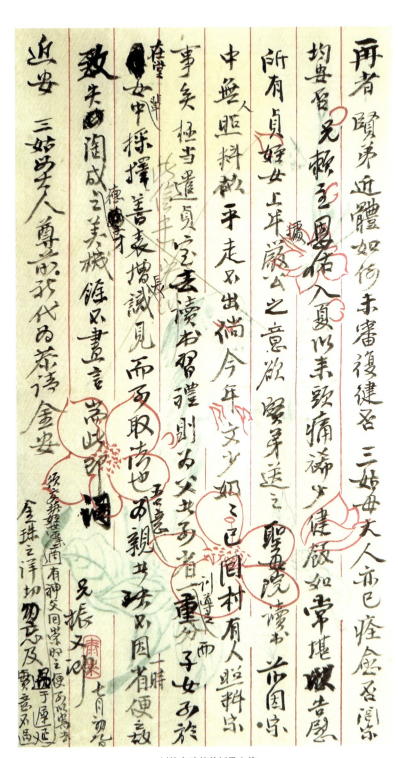

刘德斋致其弟刘景山信

尔修士在上海徐家汇地区购置了第一块土地，开始建设耶稣会住院，其经费就来自常熟刘家，即刘德斋的祖父辈。日后，徐家汇和土山湾地区发展成为远东最大的文化事业机构，常熟刘家的首助之力功不可没。正因为有着这样一层关系，1860年刘德斋躲避战乱，从常熟逃到上海，落脚地才会选在徐家汇；而徐家汇的耶稣教会也及时伸出援手，接纳刚满17岁的刘德斋，安排他到徐汇公学读书，并进耶稣会初学院学习，然后跟陆伯都学画，直至执掌土山湾画馆，奠定了他一世的人生走向。2008年5月，常熟市人民政府将刘德斋故居敦厚堂列入首批市级名人故居名单，常熟刘氏重新走入人们的视野。

二十余年来，我也有幸从拍场、从网上陆续淘到一些有关土山湾的文献，摩挲往复，实感欣慰，其中，有一些系出自刘德斋的手笔，更是莫名欢喜，倍觉有缘。现略披露些微，以飨大家。

一、刘德斋致其弟刘景山信

再者 贤弟近体如何，未审复健否？三姑母大人亦已痊愈否？阖家均安否？兄赖主恩佑，入夏以来头痛稀少，健饭如常，堪以告慰所有。贞姪女上年据严公之意，欲贤弟送之圣母院读书，前因家中无人照料，故乎走不出，倘今年文少奶奶已回村，有人照料家事矣，极当遣贞宝去读书习礼，则为父者可省一训导之重分，而子女可于在堂女辈中採择善表，增长识见而可取法也。吾意为亲者决不因一时省便之故，致失陶成德才之美机。余不尽言。耑此即问

近安　三姑母大人尊前祈代为恭请金安　　　兄振又问 七月初九日

金珠之洋切勿忘及，过于迟延实意不过。须交英姪带来，适有神父回崇明之便，可以寄去

这封信中的"贤弟"，是指刘德斋的弟弟刘景山，而且不是表弟、堂弟之类，是他嫡亲的弟弟。刘德斋父亲刘南圃是刘家第三十世孙刘西棠的幼子，从小拜通州武师习武。咸丰十年（1860），太平军进军江南，先后攻陷杭州、丹阳、常熟、无锡等地，所到之处，死伤甚多。当时百姓纷纷从苏、浙一带逃往上海，难民达数万人之多。刘南圃带领长子德斋雇舟从常熟至上海暂避，道经松江东门时，适与太平军相遇，合舟之人，各自奔逃，唯刘南圃恃武对抗而被掳，并就此失去音信，生死未卜。刘德斋随逃难人员从常熟逃到上海，由于刘家天主教徒的背景，他直接就来到徐家汇。稍事修整后，进入徐汇公学读书。1862年5月，由徐汇公学理学（相当于校长）晁德莅兼任院长的徐家汇耶稣会初学院宣布开办，首批学员共11人，其中就有9人来自徐汇公学，刘德斋即其中之一。几年后刘德斋进入土山湾画馆，担任画馆第一任主持陆伯都的助手。1880年6月，陆伯都因肺结核病恶化而逝世，刘

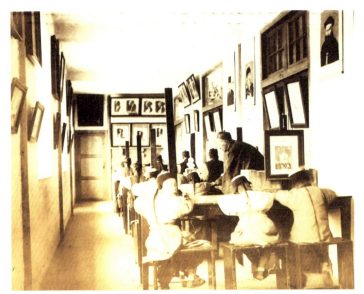

1903年,土山湾画馆主任刘必振和他的画馆学生

1912年4月,土山湾画馆掌门人刘必振修士和画馆新、老学生合影于龙华百步桥,中坐撑手杖着长衫者即为70寿翁刘必振,旁边拿帽者为安敬斋,后排右一戴圆帽者为其得意门生徐咏青

德斋正式上任,执掌馆务直到1912年,而这30年间也正是土山湾画馆发展最辉煌的时期。刘德斋的母亲以后一直住在松江,也许因为丈夫是在这里失踪的,她就守株待兔一样驻扎此地,期盼着奇迹发生。而刘德斋的弟弟刘景山则一直驻守老家常熟,在那里娶妻生子,经营祖业,担当起繁衍家族的使命。刘景山也善画,并经常来往于沪、苏两地,和教会、画馆的上上下下也都关系很好,刘德斋就曾经让他在画馆中教授中国画技法,当然,这是得到主管神父的批准的,他是一个谨慎的人,

非常本分，从不逾规越矩。信中提到的"贞姪女"，是刘景山的女儿，俗称贞宝，也常在上海、常熟两地往来，并经常住宿在徐家汇。从此信中可以看出，刘德斋对她爱护有加，考虑周详，并对"景山弟"循循善诱，希望他从长远着想，让女儿来徐汇圣母院读书。信中附记中所提到的"英姪"，是刘氏家族中的重要成员，全名叫刘文英，是刘景山的儿子，贞宝的哥哥，也是刘德斋、刘景山这一支唯一的男丁继承人。他是土山湾画馆的正式学生，长期在刘德斋呵护下就读学艺，可能天赋有限，也因为他体质怯弱，经常生病，且屡屡回家休养，故因此并未能在绘画方面崭露头角，回常熟接手祖产可能是他最好的人生之路。信中提到的"文少奶奶"即他新婚的妻子，故此信大约写于 1905 年左右。

二、刘德斋撰《教皇大庆倪主教贡献略记》

天主降生一千八百八十七年十二月三十一日，系当今教皇良第十三圣铎品后第五十年大庆，罗玛瓦帝冈宫中举行赛珍会，当时普世善信皆竭诚孝敬之忱，贡献礼仪为数甚巨，且皆珍奇夺目。中国各省主教悉随本省土产方物，预备为贡献者复亦不少。江南倪主教于前一年嘱徐家汇圣母院拯亡会修女绣红、白、紫、绿、黑五色祭披各一付为贡献；又命土山湾画馆画圣母圣心油画一尊，高六尺七寸半，阔三尺九寸，木尺。此像系慈母堂画学生王安德谨绘，其挂屏上四角刻梅兰竹菊中国花，于是年八月内装箱运至罗玛，送入赛珍盛会。又献《道源精粹》一书，装以锦套绵匣。此书辑艾儒略之万物真像、天主降生引义、天主降生言行记略，高一志之宗徒列传与李问渔之宗徒大事录、圣母传、历代教皇洪序，凡六种（引者注：应为七种），汇为一部。内列刻板图像共三百余则，此像倪主教于一千八百八十四年冬嘱刘修士必振率慈母堂小子摹绘者，其间一百十一章系天主耶稣降生圣迹等像，仿耶稣会法司铎拿笪利原本，拿君于万历二十年聘精画二人，绘耶稣事迹一百三十枚，镌于钢；其余二百余像和圣母、圣迹及宗徒等，皆博采各家，描写成幅。绘既竣，雇手民镌于木，夫手民亦慈母堂培植成技者也。其督绘图像等艺，初系庄司铎指示，后赖方殿华司铎而成功焉。徐汇圣心报馆亦自献心仪册一本，装于花匣内，一并奉献。一千八百八十八年秋，接蒙教皇诒旨褒奖。

《道源精粹》第八册插图：静斋（王安德）恭画"教皇良第十三"

我是 2011 年 7 月从孔网上得到此件的，能不

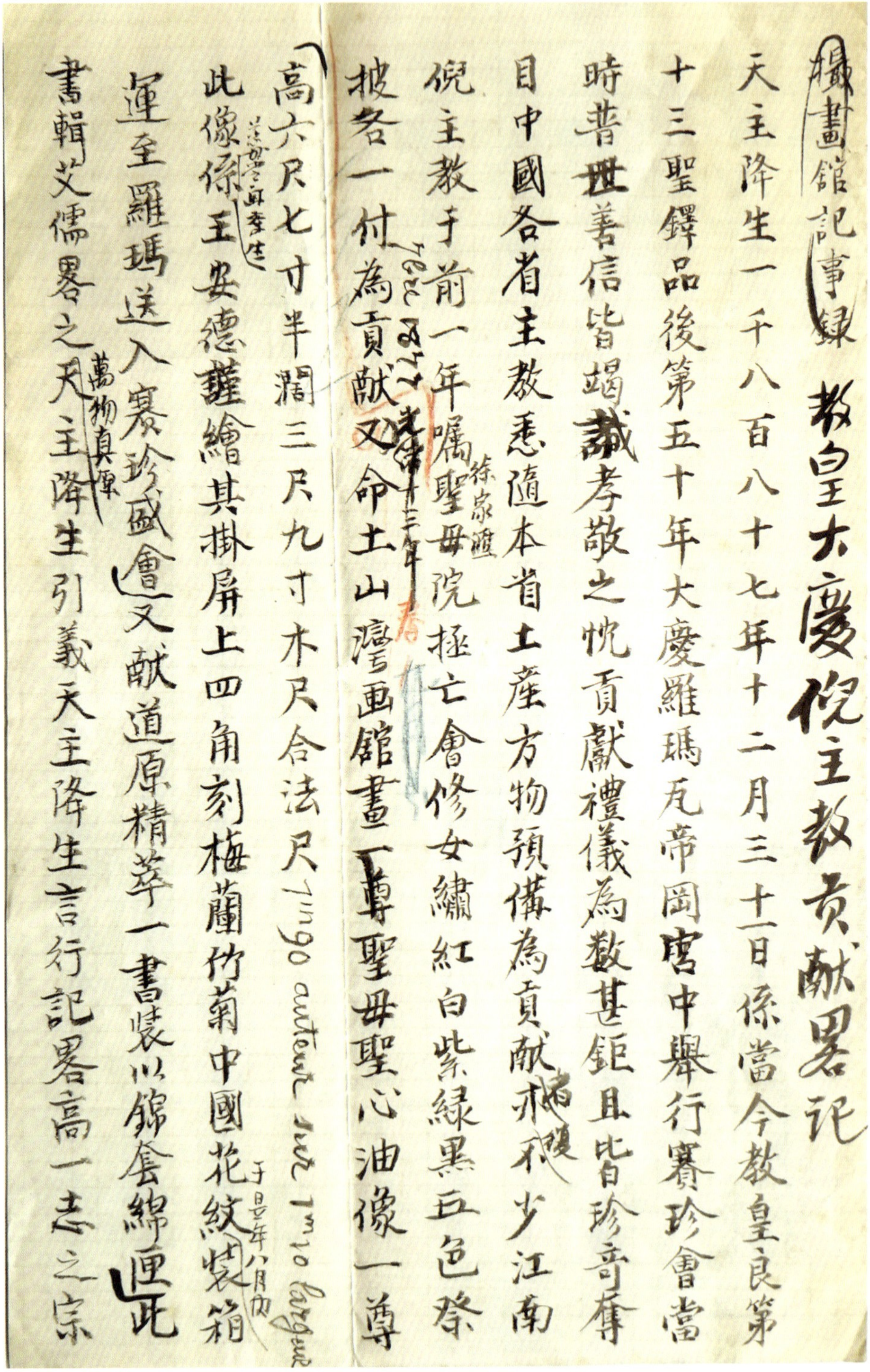

【摄画馆记事录】教皇大庆倪主教贡献畧记

天主降生一千八百八十七年十二月三十一日係當今教皇良第十三聖鐸品後第五十年大慶羅瑪无帝岡唐中舉行賽珍會當時普世善信皆竭誠孝敬之忱貢獻禮儀為數甚鉅且皆珍奇稀目中國各省主教悉遵本省土產方物預備為貢獻椷褫少江南倪主教手前一年囑聖母院拯亡會修女繡紅白紫綠黑五色祭披各一付為貢獻又命土山湾画館畫一轉聖母聖心油像一尊

高六尺七寸半濶三尺九寸木尺合法尺 1m90 hauteur sur 1m70 largeur 于是年八月内此像係王安德肋繪其掛屏上四角刻梅蘭竹菊中國花紋裝箱運至羅瑪送入賽珍盛會又獻道原精萃一書裏以錦套綿匣此書輯艾儒畧之天主降生引義天主降生言行記署高一志之宗

萬物真原
徐家滙
〔印章〕

《道源精粹》第一册封面　　段用霖书《道原精萃》书名，第一册

经意间喜获刘德斋的手迹，让我惊喜——刘德斋的字我很熟，此件在这方面一点没问题；而更让我欣喜的是，刘德斋的叙述涉及土山湾画馆的一些创作活动，这就很难得了。经过一百余年的岁月磨洗，当年画馆师生的绘画作品现在已难得一见，只能根据零星记载和残留的少量历史照片、书籍插图来依稀回想他们辛勤创作的情景。1887年，土山湾慈母堂刊印出版《道原精萃》，全书共7卷8册。主编倪怀伦在该书《序》中介绍其内容组成并作者："是编所列凡七部：一、《万物真原》。由物类印证天主是道出诸于物者。二、《天主降生引义》。详记耶稣先兆。三、《天主降生纪略》。专述耶稣言行，是为道之渊奥天主亲告人者。以上皆艾子儒略撰。四、《圣母传》。圣母乃保道者。五、《宗徒大事录》。六、《诸宗徒列传》。宗徒乃传道者也。七、《历代教皇洪序》。教皇乃道统所系也。《宗徒列传》为高一志原本，余皆李司铎轶翻译西著，附缀于后。犹恐人未易领会，属刘修士必振绘图列入篇中，总其名书曰《道原精萃》。诸君子细读而玩味之获益必非浅鲜，而余区区之望亦得矣。"如《序》所言，该书每卷均附有木版插图，共有图像300幅。擅长绘画的法国传教士方殿华神父在卷首撰有《像记》一文，介绍《道原精萃》一书图像的来源及流变的过程，其中特别写道："江南主教倪大司牧辑《道原精萃》一书，嘱刘修士必振率慈母堂小生，画像三百章，列于是书。其间百十一章，仿法司铎原著，余皆博采名家，描写成幅。既竣，雇手民镌于木。夫手民亦慈母堂培植成技者也。予自去岁以来，承委督绘像等艺，恐阅是书者，不知是像之由来，爰志此于卷首云。"看了刘德斋的《教皇大庆倪主教贡献略记》一文，再对照倪怀伦的《序》和方殿华的《像记》，我有点疑惑：到底谁是最初的成稿者呢？不过，刘德斋是《道原精萃》图像部分的具体指挥者，方殿华是督工者，倪怀伦是主编，这肯定不会错，而全部的绘图者和刻版人则是土山湾画馆和木工间的众多老师和学生，绘画的主要骨干是

王安德。

　　根据上述记载可知,《道原精萃》一书乃 1887 年由当时的江南教区主教倪怀伦(Valentinus　Garnier)集萃主编,由刘德斋率领画馆师生绘制插图,刻版工匠也是由土山湾孤儿工艺院培养出来的美术人才。《道原精萃》一书中的插图,代表了土山湾画馆全盛时期的神采风貌,我们从中正可了解、欣赏刘德斋及其画馆学生的绘画水平。另据这篇新近发现的《教皇大庆倪主教贡献略记》一文的记载,《道原精萃》一书的编撰应该另有背景。1887 年 12 月 31 日是当时的罗马教皇良第十三圣铎品后五十年大庆,梵蒂冈为之举行盛典,世界各地都有礼物进献,"普世善信皆竭诚孝敬之忱,贡献礼物为数甚巨,且皆珍奇夺目。中国各省主教悉随本省土产方物,预备为贡献者亦复不少。" 当时的江南教区主教倪怀伦当然也有所表示。早在一年前,他就命徐家汇圣母院拯亡会的修女"绣红、白、紫、绿、黑五色祭披各一付为贡献";又命土山湾画馆画一幅巨大的圣母圣心油画挂屏进献。此画高六尺七寸半,宽三尺九寸,由刘德斋安排油画水平最高的王安德执笔,挂屏上刻绘梅、兰、竹、菊等中国传统花纹。另一件独特的礼物就是《道原精萃》了。倪怀伦动员土山湾孤儿工艺院全院力量,以最高技艺水平汇刻成书,"装以锦套绵匣",成为一册卷帙浩繁、装帧豪华、天下独一无二的特装本。所有这些礼物,都于 1887 年 8 月装箱运往罗马,参加盛典。今天的梵蒂冈宫内,应该还保存着这些来自上海土山湾的精美礼物。

三、刘德斋撰《土山湾学生庆贺倪主教 72 岁生日》(沪语对白)

　　甲:今朝一总教友有福气,因为倷江南主教倪大人七十二岁生日,江南众教友各人齐齐活预备好之,极其诚敬侪来庆贺。倷土山湾小囝虽然是末脚一等,到底主教大人个小小囝,所以耶应该去拜主教大人寿。

　　乙:哥哥,侬话咾应该拜寿,还应该送啥寿礼哦?

　　甲:自然拜寿咾送礼,两样是连拉个。因为单清叫声恭喜,是嘴郎工夫不过,一个头还是一眼外貌,献之礼末好发显倷个心意哉。

　　乙:啊呀,话起拜寿送礼,倷土山湾小囝出身穷苦,而且生来粗笨,勿要话寿礼送勿起,连带念颂耶念勿来,奈么哪能呢?

　　甲:弟弟,放心末哉,倷个主教大人宽洪大量,最会体量别人,而且,主教个心万分慈善,喜欢老实头,只要倷牢牢实实个要去恭喜,尽个心,做一眼两眼小物事,献拉主教,虽然献个物事勿像样,主教大人耶蛮喜欢了。

　　乙:请教,倷能够做啥物事来献拉主教呢?

　　甲:侬问我啥物事,我忒侬话,就是倷土山湾有个物事,倷手里能够做个物事。不过所话个物事末,分开两样,一样就是为主教求天主做神花,一样就拿倷拉土山

为庆贺江南代牧区主教倪怀伦神父 72 岁寿辰，刘德斋为画馆学生亲自撰写演出剧本（沪语对白）

湾学出来手艺当中做一眼有点意思个物事，就可以献拉主教当一样寿礼。

乙：阿呀，哥哥，勿瞒侬话，开开侬话拉个两样，叫我做起来侪是难个。

甲：做点神花，做一眼会做个物事，有啥烦难耶？

乙：哥哥，侬是热心来死，像圣人能能咾，是然呒啥烦难。我嗜小囝当中侪话赖皮连牵，赖皮连牵个小囝那得会做啥神花，耶而且侬末样样亚希责来死，要做点啥勿难烦。我是小囝当中个别脚货，别脚货末拉里做得出啥好东西呢。

甲：弟弟，放心末哉。话到神花，我已经请两个一本正个弟弟做点拉哉，神花纸末我耶画一张拉哉，还画四位主教个小照，就当奉献主教个寿礼。诺，第个就是四位主教个小照，

乙：画四尊主教个小照，请教有啥奥妙个意思否？

甲：奥妙是呒啥奥妙，意思自然有了。

乙：有啥意思？阿好请侬解说我听听看？

甲：四位主教脱是江南地方圣拉个，不过一位步主教奉教皇命圣之主教，后来到之直隶去。别个三位奉教皇命侪做江南主教。

乙：今朝倪主教庆寿，画倪主教个像还意思到对个，现在又画别个三位主教个

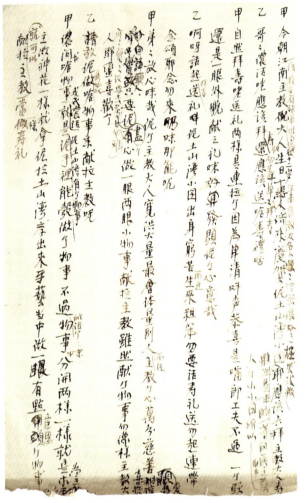

为庆贺江南代牧区主教倪怀伦神父(1825—1898)72 岁寿辰,刘德斋为画馆学生亲自撰写演出剧本(沪语对白),时在 1897 年,翌年倪怀伦神父就因病辞世了

小照,啥意思耶?

甲:侬听好拉。第个四位主教到之中国拉江南地方传教个年数,搭之登主教爵位个年数,连带教友个数目,搭之四位主教个岁数算起来,四样完全是倪主教最多。先讲年主教,到之中国拉江南传教之十五年;郎主教拉中国本来有三十四年,到底除脱直隶去之九年,剩之廿五年哉;步主教拉中国三十二年,登拉直隶省里十六年,耶除脱之算起来只得十六年。现在倪个倪主教到之中国来廿八年,常常拉倪江南地方传教,所以拉江南地方数,算起来四位主教当中倪主教最多。

再讲晋升爵位个年数:年主教只做得三年;郎主教本来廿一年,到底江南主教只做得十三年;步主教圣之十七年,而且一向勿拉江南。倪个倪主教升之主教到乃已经十八年哉。所以拉主教爵位郎年数,耶是倪主教最多。倪盼望天主赏赐还有个十八年。

再话到教友个数目,拉一千八百六十二年分年主教个时候,有七万五千一百卅二个教友;到一千八百七十八年分郎主教个时候,有七万七千〇六十二个教友;现在倪主教个时候,当家神父总算过的,今年六月里歇夏头里,江南教友个数目有十万〇九千一百八十八个。照三样算起来,耶是倪主教个时候教友最多。

这篇手稿和江南教区主教倪怀伦有关,更涉及土山湾孩子的平时业余活动,很有意思。

倪怀伦(1825—1898)1869 年到上海传教,1879 年接替郎怀仁成为江南代牧

清末土山湾画馆一景，后左侧第二人为刘德斋。安敬斋摄

区主教，刘德斋在这篇手稿中说："倷个倪主教升之主教到乃已经十八年哉。"那么，手稿当写于1897年。十年前，在编绘《道源精粹》时，倪怀纶是主编，刘德斋是具体的执行实行者，两人有过一次很愉快的合作，故作为一名修士，一个下属，刘德斋对主教倪怀纶应该是既怀有好感，也充满着敬仰。这种感情，我们在这篇手稿中完全能感受到。

除了上课念书和在工场中学习手艺，土山湾孩子的业余活动也很丰富，主要有唱歌（合唱）、乐器演奏（军乐）、远足游览和各类球类活动等。土山湾还有一个传统就是演出戏剧。土山湾的戏剧传统起源于会长神父们的本名庆日以及各个大小节日晚会上的表演，最初的形式是两个孤儿在台上问答并间以歌唱的形式，渐渐地变成表演一个《圣经·旧约》里的场景，偶尔也去徐家汇的神父住院演出。土山湾孤儿院演出的戏剧绝非一折或者一幕戏，而是有完整剧情的一个故事。全剧中只有一个旁白在一边用沪语宣讲，其他人只是按时出场做各种动作，没有对白。

土山湾的戏剧演出开始时是使用堂里孩童的平常服饰，一直到1897年，当时的土山湾孤儿院副院长向日华（Gabriel Chambeau）神父为孤儿们编了一出戏，描写的是夏朝至明朝的历史。第一次用五色纸贴成衣服的形状，而且在布上画耶稣像做布景，当时是在徐家汇耶稣会住院的散心时间表演的，使用的是临时的戏台，用完就拆除。这样每次演出的总花费只有10元左右，后来逐渐有新的花样翻新，这样临时搭建的演出每次总花费也不超过20元。到1901年，葡萄牙籍修士笪光华（他同时也担任乐队指挥）来土山湾之后，他用了三个月时间在土山湾的中灶间里搭建了戏台，戏剧演出逐渐正规起来，第一出戏只是一出喜剧，没有名字。一直到1901年秋天，才有了土山湾第一次正式的戏剧演出，当时称为Table vivent（活圣像剧），演出的内容是圣诞的故事，台上圣母圣若瑟圣婴，还有驴牛的形象都是用彩色纸糊在板上，做成真物一样的形状，让孩子们去扮演。这种演法其实是仿照当时徐汇公学的戏剧演出。1910年夏天，又在土山湾的后场搭建了一个露天戏台，戏台上还请傅良弼修士安装了装饰用的电灯。由于演出要拍剧照，为了效果美观，演出服也日益华丽，当然花费也随之日渐增多。如1910年元旦，江南教区主教姚宗李（Prosper Paris）、徐家汇耶稣会住院院长顾洪义等一起率领神父修士们来堂给土山湾的孩子们拜年，为此，土山湾的孤儿们特地排了一出戏，戏名为：当今预备立宪之世，江南议员某来堂参观天主教育婴堂、实业工业各厂，内容大致如下（沪语）：

第一出：
议员到堂，教董接见领看各作坊，外教议员询问工艺厂兴盛法则。
第二出：
教董答以敝堂所有法子不过两样。
第一，堂里之人，齐是信天主个，敬造天地万物个真主宰，教内有十条诫命，当全守；守好之，就是天主教里好教友，亦是国度里好百姓。
第二，因管理教务个主教及传教士，俱是罗马教皇所遣，齐是才德出众，弃俗精修，无家室之牵连，所以能专心传道，终其身，惟领人返本归原，而且代不乏人，所办事业常有人接续，此即我教中，实业兴旺之上策也。
脚色：
外教议员黄松浼
教友董士杨德友

孤儿们认真的表演让神父们十分喜爱，连声称赞孤儿们的表演"可称得法"。
从刘德斋这篇手稿中描述的情景来看，这当是1897年倪怀纶主教72岁生日之际，土山湾的孩子排练了一出戏剧表示庆贺，采取的即"两个孤儿在台上问答并间以歌唱"的形式，而语言全部采用沪语，这也是土山湾平时学习生活的标准用语。土山湾的那些外国神父们也非常热衷于学习沪语，画馆中日后最出名的徐咏青，当时就曾担任过神父们的沪语教员——他是松江泗泾人，说的一口标准沪语。我们从刘德斋的这篇手稿中，可以领略当时的沪语发音和词组搭配，这和我们今天的"上海话"已经有很大不同了，研究语言的学者们可能会感兴趣吧。

刘德斋致震旦大学潘神父信

四、刘德斋为小说《烛仇记》的写作致潘神父信

　　神父钧鉴：来谕催《烛仇记》，所以不即覆者，事多病懒兼而有之也。今年学生之课多于往年，而精神则□于往年。前年灯下改课至十下钟尚有余勇可贾，至十二下始睡，今则自觉疲矣。《烛仇记》我以精神致之不可，故每主日惟礼拜一、四不改课之黄昏可以动笔，作千余字，此迟迟不续交之故也。今又成稿七千余字，鄙意怕数字数，不如径交葛雷泉抄之，与之直接令彼算明字数再来算账，如何请即示及。此叩
　　海安　　罪末致叩上　　初十日
　　（每千字四角，殊不合算）

　　刘德斋晚年有一件大事一直萦系在心，即写作小说《烛仇记》。关于这部作品，提到的人不多，看过的就更少了，以至有辗转引用，写错书名的。刘德斋写作此书是为了纪念恩师晁德莅。刘德斋少年时为避战乱从家乡常熟逃到上海，先入徐汇公学，再进耶稣院初学院，一生中印象最深、影响最大的几年基础学业，都是跟随意大利神父晁德莅打下的，成为修士后他还奉晁德莅为神师。五十年后，刘德斋回忆当年的苦读生活：晁公"尝见余初学十数辈，操业之余，无所事事，为述芮而松言行，为消遣记，亦以为内省之标准"。（《烛仇记》序，土山湾印书馆1911年版）《烛仇记》这部书写的即是刘德斋当年在耶稣会初学院期间听晁德莅讲述的芮而松故事。故事叙述"天主降生三百年后，西里亚国有名芮而松者"，"初放浪而竣改"的故事，书名取"洞烛俗欲魔三仇计也"。这部其实早已写成，只是"数十年来，藏诸笥簏，未尝一示外人"。后因沈则恭神父"闻是记而索观"，阅后大为赞赏，才使刘德斋有信心修改此书，付梓出版。教会方面对此书也很看重，沈则恭神父特赋感怀诗七十四绝附于书后，张渔珊神父则对书中涉及的中外典故一一加以注释，并注明出处。1911年4月，《烛仇记》由土山湾印书馆正式出版，刘德斋非常高兴，给很多朋友都寄了书，让大家分享快乐。关于此书，有两点值得一提：（1）《烛仇记》一书，无论是封面还是版权页，都无作者署名，只是在该书序的末尾署有"琴川竹梧书屋伺者自序"几个字，显然，不是较熟的朋友是无法知道此书作者到底是谁的。此举到底为何？颇费猜疑。刘德斋很可能认为自己只是一个画家，文字写作不是自己的本行，写《烛仇记》只是为了纪念和教化，书出版了就达到了目的，故不愿署名。（2）《烛仇记》的封面是一幅彩色石印图，熟悉的人一眼就能看出，这是《古史像解》之《训蒙图》和《新史像解》之《垂训家庭》的又一次改绘。刘德斋平时接触的多是缺少家庭之爱的孤儿，对他们身上因此而产生的毛病也耳濡目染，感触颇深，他三番五次笔绘此图，正说明他对"严明家训"和"立身为首"的重视与提倡。

这封信正是刘德斋为写作《烛仇记》一书而写给震旦学院潘神父的。刘德斋对此书的写作颇为重视，曾屡屡改写，并请多位中外神父审阅，听取他们的意见。因担心自己不善文辞，刘德斋还自己出钱，请震旦学院的潘神父润饰文字。这封信显然正是谈此事的，时间应该是1910年底。当时刘德斋已年近七十，精力大不如前，故信中感叹："前年灯下改课至十下钟尚有余勇可贾，至十二下始睡，今则自觉疲矣。"刘德斋写好初稿后请一个叫葛雷泉的人誊清，然后再请潘神父润饰文字，这些都是付费的，而且应该是按字数计算，所以他建议"直接令彼算明字数再来算账"。我猜测，我手中的这封信应该是底稿，因为结尾处另有淡墨写有这样两行字："每千字四角，殊不合算。"显然是刘德斋自己计算后觉得吃亏，直接将心里的牢骚行诸文字了，老人的世俗人情跃然纸上。

刘德斋著《烛仇记》，土山湾印书馆宣统三年春出版，封面即刘绘《垂训家庭》之变体

1892年《古史像解》插图，刘德斋绘《训蒙图》，此为该图的最早刊本

抗战中的陆徵祥

晚清民国的中国政界,执掌外交要务的都是一些通晓国际情形的职业外交官,他们利用自己的一技之长,为轮流上台执政的军政官僚服务,提供咨询,起着外交智囊的作用。关于这一点,当时的外国政界和学界也看得很清楚,美国学者波拉特(Pollard)在《最近中国外交关系》一书中明晰指出:"中国的外交政策,差不多完全只有一小部分很熟悉国际公法,有外交经验及通晓国际情形的相当人物所决定。这些外交官员中,有许多曾在中国教会学校毕业的,有几位是曾在美国、英国或其他欧洲国家大学里得到高等学位的。实际上他们都能操一国或几国语言。所以,内阁和党系可往复调动,各省也可任由以前的土匪去当政,可是外交部同外交官员,却终是在这种留学阶级的青年手里。"(波拉特:《最近中国外交关系》,曹明道译,正中书局1935年版)本文要说的陆徵祥即是书中所称的职业外交官之一,且是其中的重要人物,曾官至外交部长甚至代理国务总理的要职,只是他既非留洋出身,也非教会学校毕业,而是就读于中国的广方言馆和同文馆——清代完全国产的外语、外交学校。

一

关于陆徵祥其人,一般辞典上是这样介绍的:陆徵祥(1871—1949),清末民初外交家。又名增祥,字子兴,一字子欣。江苏上海(今上海市)人。曾就读于上海广方言馆和北京同文馆,习法语。早期任翻译、驻外公使,1912年任北京政府外交总长,一度代国务总理一职。1915年代表袁世凯政府与日使谈判,被迫签字接受日本提出的"二十一条"(除第五款)。1915年任出席巴黎和会首席代表,拒绝在合约上签字。1927年在比利时入修道院修行,1946年被罗马教皇授任修道院院长。

《文藻月刊》第一卷第七、八期封面刊登陆徵祥像，祝贺晋铎（1935年6月29日）

辞典介绍总是干燥无味的，其实，陆徵祥的一生，可谓跌宕起伏，波诡云谲。他出生于上海的一个虔诚的基督教信徒家庭，家境并不富裕，父亲厌恶官场恶习，不愿意儿子走科举之路，希望儿子学会外语，将来出洋能学些实际本领，以后回家可以有一个好的出息。寄托着父亲的期望，陆徵祥13岁时即考入上海广方言馆，成绩优异，21岁被推荐进北京同文馆深造。这两馆都是清朝总理衙门主办，旨在培养外语人才，开设的主要课程是法语、英语，同文馆还增开格致等课。一年后，陆徵祥被总理衙门选中"放洋"，从此走上了外交官员的道路。在外交仕途上，陆徵祥的第一站是驻俄公使馆，正是在这里，他遇到了一个他一辈子都视之为恩师的人，这就是39岁便出任驻法、德、意、奥、荷五国公使，当时担任驻俄公使的许景澄。陆徵祥1892年进入驻俄公使馆，在这里，他待了整整14年，从个人小节到外交礼仪，从吸收欧洲诸国之长到改良中国外交实务，陆徵祥深受恩师教诲，一步步成长为一个合格的职业外交家。虽然许景澄在庚子事变时捐躯就义，但他正直坚毅、忠君报国的秉性一直影响了陆徵祥一生，后来的被逼签订"二十一条"和拒签《巴黎合约》等外交事件，都依稀能看到许景澄对陆徵祥的影响。

也是在俄国，陆徵祥遇到了他一辈子深爱的女人，她是比利时驻俄公使的一个亲戚——博斐培德小姐。培德的祖父和父亲均系比利时的高级军官，她本人举止娴雅，又有几分家传的刚毅。对陆徵祥来说，培德小姐是一个是比他大16岁的外国女人，而他本人又是外交官的身份，多有犯忌，故欲和培德小姐联姻，对他的外交仕途来说就是一场豪赌，当时几乎无人对此表示支持。但陆徵祥对培德小姐一见钟情，为此他甚至做好了从官场隐退的准备。幸好比利时是小国，这场风波涉险过关。1899年，陆徵祥和培德小姐在圣彼得堡圣加大利纳天主教堂举行婚礼，正式结为夫妇。两人成婚后，一生都恩爱有加。他们婚后一直无子女，在他们27年的共同生活中，培德无怨无悔地分担陆徵祥承受的种种误解和中伤，并一直殷殷嘱咐丈夫要忠于自己的祖国。1926年4月26日，培德夫人在瑞士去世，陆徵祥马上辞去公职（他当时任中国驻瑞士公使）为夫人守丧。次年，他送夫人灵柩回到比利时的布鲁塞尔。培德夫人下葬后，陆徵祥的红尘生活也结束了。1927年7月5日，他以中国政府前国务总理和外交总长的身份进了本笃会的圣安德肋修道院，同年10月，他经过更

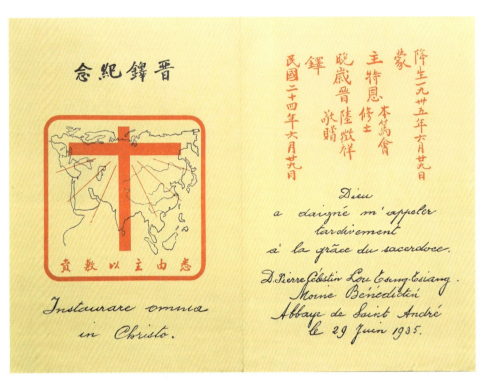

陆徵祥1935年6月印制的晋铎宣传单

衣礼后成为一名初级修道士。1929年1月,他行过发终身愿礼后成为正式修道士,1935年升为司铎,1945年被教廷封为圣安德肋修道院名誉院长。1949年在布鲁塞尔病逝。

二

在一般人的理解中,既然进了修道院,脱离了红尘烦恼,则世俗的一切似乎都离之远去了。但其实事情并不这么简单,也远非如此绝对,宗教界中的爱国人士甚多,爱国事迹同样可歌可泣。在陆徵祥心中,祖国是他永远不能忘怀的,其实,即使他以往的红尘经历,又哪里是他所能轻易忘却的呢?这里有一个"万众一心"印花的故事值得一叙。

巴金晚年在《随想录》中讲过这个故事:"我还记得我十二三岁的时候在成都买过一种'良心印花',贴在自己用的书上。这种印花比普通的邮票稍微大一点,当中一颗红心,两边各四个字:'万众一心'和'毋忘国耻'。据说外国人讥笑我们是'一盘散沙',而且只有'五分钟的热度',所以我们发售这种印花以激励自己。我那个时候是一个狂热的爱国主义者。后来我相信了无政府主义,但爱国主义始终丢不掉,因为我是一个中国人,一直受到各种的歧视和欺凌,我感到不平,我的命运始终跟我的祖国分不开。"(巴金:《绝不会忘记》,刊1979年8月28日

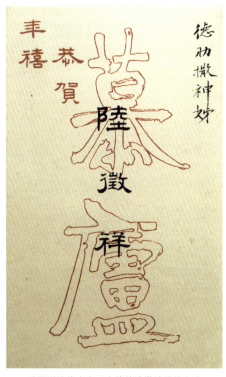 

陆徵祥给徐光启后裔徐德肋撒神姊的名片　　　　陆徵祥1936年致徐润农信的信封

香港《大公报·大公园》，后收入《随想录》第一集，又收入《巴金全集》第16卷）巴金出生于1904年，算下来，"十二三岁的时候"正好在1916年前后。事实上，这种"良心印花"正是爱国民众为纪念1915年的"国耻纪念日"而印行的：1915年，日本政府向袁世凯政府提出企图灭亡中国的条约"二十一条"，5月7日提出最后通牒，5月9日袁世凯表示接受，因此当时国人将"5月9日"视之为"国耻纪念日"，每年在这个时间都要举行纪念活动，以此警醒民众。这种"万众一心"的"良心印花"最先是在北京印行的，很快在全国得到响应，巴金是在位于西南的成都购买的，可见，这种印花当年几乎铺展到了中国的四面八方，引起全国民众的共鸣。事实上，即使在海外，也都能看到这种印花在流传，人们自发地印刷使用，爱国之心不以距离遥远而改变。当年，在陆徵祥修行的比利时圣安德肋修道院，有一个叫林鸣奎的印刷工徒，准备自费印行这种印花和信笺、信封，请陆徵祥题词纪念。陆徵祥是当年签订"二十一条"的当事者，对"毋忘国耻"这几个字，没有谁比他印象再深刻的了，他为此题词："本院印字馆学习生林鸣奎君，顷以'万众一心'笺封百份见贻，祥受而存之，深有感焉！窃思辛亥革命以迄于今，我人革其面而未革其心，'万众一心'之语殆革心之谓乎！林君语重心长，齿虽幼而用意弥堪嘉尚，特弁数语以示鼓励而自惕厉。　中华民国二十年十月　君王瞻礼日　本笃会修士陆徵祥识于圣安得

陆徵祥致徐润农信,用"万众一心"印花封缄

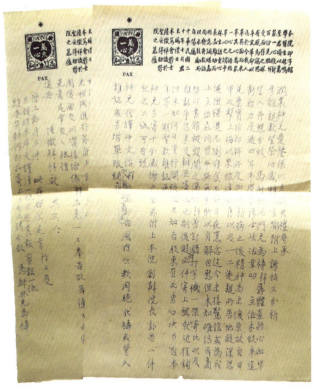

陆徵祥用"万众一心"的信笺写给徐润农的信

肋修院之慕庐。"其中感慨,唯有自知! 应该注意的是他题词的时间:中华民国二十年十月,也即1931年10月,这正是日本侵略者制造"九一八事变"后一月。1915年的"国耻纪念日"虽然已经过去了16年,但日本军国主义对我中华的觊觎之心从来没有中断过,想必,陆徵祥的脑海里已经警钟长鸣! 陆徵祥不但为"万众一心"信笺题词,而且自己出资,写信给徐光启的第十二世孙、正在上海徐家汇教会任职的徐宗泽神父,请他出面,委托土山湾印书馆,以各种颜色印行有"万众一心"

图案的印花、信纸、信封和封缄等文房用件，供大家使用，自己也带头推广。我们在现存的陆徵祥信件中，经常能看到这种用"万众一心"信笺写就的书信，即为明证。

陆徵祥虽身在比利时苦修，似乎置身世外，然一旦家乡来人探望，他总是那样高兴，喜欢之情溢于言表，这样的例子很多很多。1934年春，正在比利时皇家美术学院留学的张充仁去看望陆徵祥。他是上海七宝人，是陆徵祥的同乡，手上还拿着一张他的太外公马相伯的名片。这可把陆徵祥喜欢坏了，马相伯是他素来敬仰的老人，他视之为自己的老师，眼下这位小青年又来自家乡上海，他有太多的话要和他聊。陆徵祥留住张充仁在修院里住了整整一星期，絮絮叨叨地将自己的仕途经历和婚姻故事都讲给他听；而张充仁则目睹了陆徵祥恪守清贫、青灯黄卷的苦修生活，也看到了那枚"万众一心，毋忘国耻"的小印。他后来写道："我在想，一个做大官的能到修院来，对世俗完全看清，对修道做一个好人的心情是迫切的。"在张充仁与陆徵祥的交往中，关于日本侵华，关于抗战雪耻是一个重要话题。1938年7月7日，正值"七七事变"爆发一周年之际，已在上海开办"充仁画室"的张充仁收到陆徵祥的来信，信中写道："尚祈加诚祈祷，俾战事早日结束，早日恢复和平，我国领

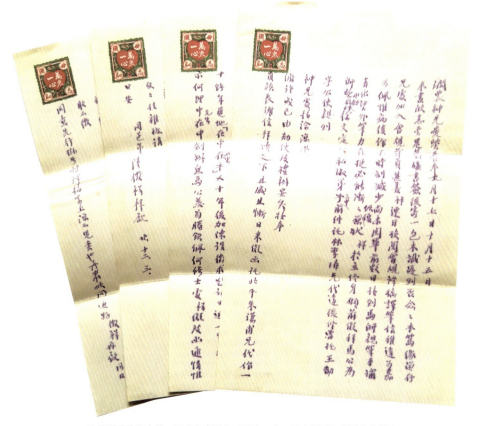

陆徵祥致徐润农信，写在印有彩色"万众一心，毋忘国耻"印花的信笺上

抗战中的陆徵祥　　　　第七篇

土完整，生存独立，国民自由，为立国之要素。以血肉保卫日后更可贵，更觉耀战事之光荣历史，当为千古未有之宝藏。"（陈耀王、蔡胜平《张充仁与陆徵祥的交往》，刊《世纪》，2005年第3期）

中国的抗日战争全面爆发后，陆徵祥致信教皇和日本天皇，阐述中国抗战的正义性，奉劝日本政府倾听世界人民的呼声，停止侵略战争。他还到各地发表演讲，介绍中国军民浴血奋战的情况，呼吁欧洲各国人民支持中国的抗战。1939年2月4日，《〈益世报〉海外通讯》在布鲁塞尔宣布发刊，这是第一份在海外出版的中国报纸副刊，陆徵祥参与了该刊的创办。尽管该刊声明自己不隶属于任何政党，借以通过这种独立性来保证自己所提供的信息绝对客观公正，但该刊的幕后支持者是宋美龄和国民政府行政院新闻司，大部分宣传材料则由国民党中央宣传部国际处提供。陆徵祥此时虽已年届70岁高龄，又体弱多病，书写不便，但仍以"木兰"为笔名，坚持为该刊主持《中国妇女通讯》栏目。"木兰从军"的故事，是当年恩师许景澄亲自讲给他听的，现在他用"木兰"这个笔名，显然正是借用了女英雄抵抗外侮的含义。《中国妇女通讯》的稿件，有的由陆徵祥亲笔撰写，有的虽出自他人之笔，也经由他的改定，每篇文章都充满了民族抵抗的正义性。如第三期的稿件，文章写道："我坦诚地告诉你们，经过近20个月的战争，我们已与祖国心心相融，因为我们每个人都觉得自己的生命受到了敌人的威胁。它要掠夺我们的一切：我们的祖国、我们的家庭、我们的生命！一句话，我们或者以自由、独立国家的状态摆脱这场生死之战，或者继满人之后，再次屈服于外国的统治而几无自我解放之可能！"（陈志雄《陆徵祥与民国天主教会》，中山大学2009年博士学位论文）《〈益世报〉海外通讯》当年的发行量达到3000多份，在欧洲为中国的抗战争取了大量同情和支持。

三

除了恩师许景澄，在陆徵祥心目中，完美无缺的圣人就是徐光启和马相伯。为此，他和徐光启的第十二世孙、著名的神学家徐宗泽经常通信往来，互相请教，并通过徐宗泽，和马相伯也有了联系，得以倾吐他对老人的景仰之情。

在和徐宗泽的通信中，除了宗教事务的讨论，有关抗战形势的探讨是他们的重要课程。陆徵祥一生勤于写信，但至今存世并得以流传的却不多，我有幸在冷摊中得到一些有关陆徵祥的文献，其中有多封抗战期间他致徐宗泽的信，披览之下深为感慨，现将相关内容节录于后，一窥这位曾被视为"卖国贼"的"方外之人"的内心：

国难临头，重重而来，自接兄函以来，强邻暴行，水陆空三方并逼，强横至此，或将自取侮辱。目下世界舆论群起反抗，抵制日货势将扩大，终必为文化诸邦摒弃门外，自外生存。惟暴横性成之日人恐难有觉悟而自留余地，深为之危耳！……椿年兄现在军队作报国牺牲品，佩极感极！报国之举，适正其时，不幸为国殉难，死

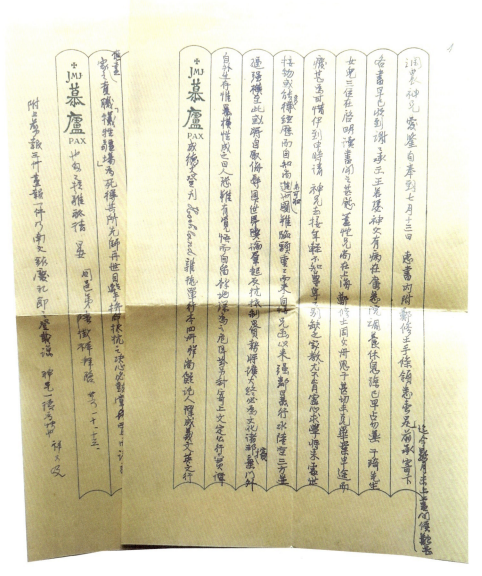

陆徵祥1937年10月13日致徐润农信

有余荣,实祖宗后人无上光荣也!祥在院十年,凡来院访问之比友,几无一家无子弟之牺牲。彼等虽痛伤亡之子弟而以自慰者,即此报国之光荣,永世不忘而与国流芳矣。回溯昔年先师许竹篔先生在训练中每每以"为国捐躯"为官家应尽之责职,"牺牲疆场"为死得其所。先师再世,目击拼死抵抗之决心必鼓掌不置,而赞许心羡也!"——陆徵祥1937年10月13日致徐润农信

（注：徐椿年为徐宗泽之侄,早年在比利时留学,经常到修院看望陆徵祥,其

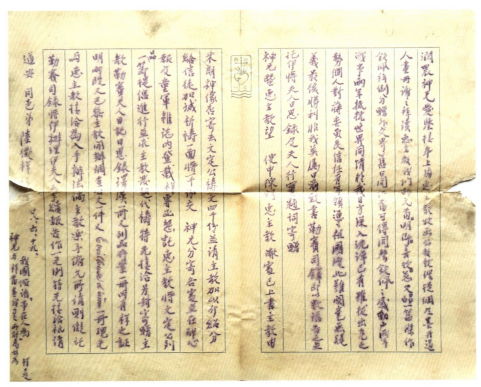

陆徵祥 1939 年 6 月 19 日致徐润农信

学问和气度深得陆徵祥欣赏。抗战爆发后,徐椿年报名参军,投入到抗战洪流中,故陆徵祥信中有"报国之举,适正其时"之语。)

　　两年战事,两年抵抗,世界同情于我,日方深入泥沼,已有难拔出危之势。个人对蒋委员长信任有年,领导祖国渡此难关,毫无疑义,最后胜利非我莫属!——陆徵祥 1939 年 6 月 19 日致徐润农信

　　十二月三日接奉九月廿五日手书,快慰难以言喻。捧读至再至三,恍若隔世复活,重见世界,开始一新生活,创立一新秩序,结交一新朋友,以后革新事业,前程非可限量。中华民族在蒋主席领导之下,由三等国一跃而列在五大强中,非上智安排曷克臻此哉!!!天佑中华,全球改观,普世同情欢贺,不独先师文肃公在九泉之下含笑不已,先哲文定公、先师相伯在天之灵必祈求天主特别恩佑,广扬圣教于华夏,一洗二千年来之陈见,一新旧邦之民众,成一世界强大之新邦,猗欤盛哉,拭目俟之,额手预祝。——陆徵祥 1945 年 12 月 12 日致徐润农信

　　(注:1945 年 8 月日本政府宣布战败,抗日战争终于获得胜利,徐宗泽将此喜讯写信告诉陆徵祥分享,陆徵祥在回信中连用了好几句排比句,其欢乐喜悦之情倾

泻直下，难以抑制。此信当年曾在刊物上披露，引起很多人关注。）

屈居弱国地位的中国在近代屈辱多多，外交官职责重大，而授权却有限，身为外交总长的陆徵祥自然难免成为众矢之的，以致多年之后他还感叹："弱国无公义，弱国无外交。"而根据国人的一贯认知方式，凡出面签订屈辱条约的人就是卖国贼，却不会去探究他是在何等情境之下签署这样的条约的，故陆徵祥在民间的地位始终很尴尬。但具有独立思维和全局视野的知识阶层则要理智得多，他们谅解陆徵祥以一介书生执掌弱国外交的难言苦衷，更知道他个人品德的方正不阿。1933年，蔡元培在纪念徐光启逝世三百周年之际，曾郑重指出："徐文定以学者达官之资格，而信仰加特立教，拥护推广，不遗余力，嗣是以后，信徒不知凡几，而资格与之相当者，惟有现代之马相伯、陆子欣两先生。"(《南京天文学会举行徐光启逝世三百年纪念》，南京《中央日报》1933年11月25日）这是很崇高的评价，也是知人知心之语。陆徵祥闻知曾为之"泪语凝噎"！

陆徵祥1892年21岁那年步入外交界，1905—1912年间任出使大臣，1912—1927年间曾九度执掌中国外交，并曾任国务总理、国务卿（洪宪帝制时期）要职。1927年入比利时本笃会圣安德肋修道院，由修士而晋铎，由神父而院长，终成为继徐光启之后社会政治地位最高的中国基督徒知识分子。

"非以报油烛，乃以答知音"
——丰子恺致张院西信札释读

20世纪90年代，我有幸碰到了好几次收藏奇遇，经过虽然颇为曲折，但所幸大都如我所愿，被我一一收入囊中，入藏的其中之一就是这一批丰子恺致张院西的信札。丰子恺的这批信札写于40年代抗战时期的重庆和50年代初刚解放的上海，是国家民族经历巨变的两个重要节点。信札虽小，然其中所反映的点滴也颇能窥见时代之一斑，自有其特殊的文化意义。这批丰子恺信札正可作如是观。

一

这批信札的收信人都是一个叫（张）院西的，此人名不见经传，即使当今网络信息如此发达，也几乎查不到任何有用的线索。通过各种途径查询，目前也只大略知道他是一位金融界人士，原名张辐臣，字院西，为河北南皮人，曾在当地开设过协玉银号，并是兴业典当行的经理，抗战期间前往西南发展。我也曾向丰子恺先生的女儿丰一吟女士请教，并寄去一些复印件，询问是否知道院西其人？一吟女士非常热心，不但很快回信，而且在家中翻找资料，一有新的线索就马上告知，令人感动。下面是一吟女士几封回信的摘录：

> 院西姓张，我记性极差，只记得有一段时期父亲经常与他来往，但关于他的情况记不起来了，或许看了信会记起一二。　2002年1月3日

> 说来也巧，你提到院西，我处也发现了一封父亲写

丰子恺像

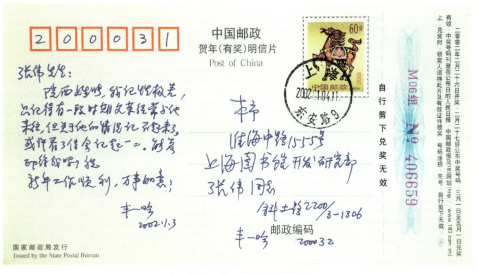

丰一吟2002年1月4日致张伟信

信给院西的钢笔信，无年代。从用纸及字迹看，似是晚年所写。你能不能联系你处诸信，定下一个大致的年代？　2002年1月7日

父亲的信不写日期，幸而此三信中有"明日赴遂宁"一语，由此可以推断为1945年(6月27日)所写。奇怪，当时白糖麻油难买，又不是"文革"中。那时我不管家务，所以不知艰苦。

你第一次来信时，我就脱口而出："叫张院西"，后来想了又想，又不敢肯定了。但再仔细想想，还是张院西。不知是何界人士(报界)？以后如有所得，定当奉告。

此人与我父亲的交往，看来介绍买画较多。另外，我回忆不起来什么。唉，记性太坏了！　2002年1月19日

我手头有父亲在"文革"期间设的一本小通讯册（料想以前的被

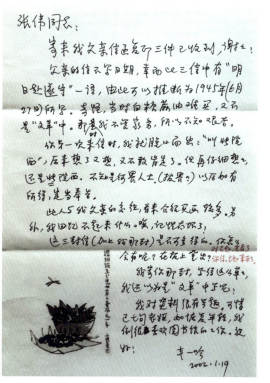

丰一吟2002年1月19日致张伟信

抄走了）。我一直想看一遍，做一做索引卡片，一直未果。自你通知我致院西的信件一事后，我决心做索引卡片（该小册共七十几面），以求从中得到"院西是否张院西"或其他资料。

今天果然在第18页上看到了"张院西"三字，可见我的记性还不错。在名字下方写着这样几个字：旧野味香 73.4.25见。野味香（吃馄饨面的）在陕西南路上，淮海路北首，门面朝东。"文革"期间，可能更名了，所以称为"旧"。张院西在1973年居然还与父亲见了一面。此人现在恐已不在了？不知去向。其他找不到什么了。

2002年1月20日

关于张院西，我起初疑为报界人士，但前天遇到几位熟悉30年代的朋友，都不知此人名，可见不是文艺界人。

或许正如你所说，是从商的，我实在一无所知了！而且我估计其他文艺界人都不会知道他，因为我父亲与之通信的人，三教九流都有。

要不是我在父亲小通讯册上查到"野味香"遇见他，我还会怀疑他是四川人呢！

据我看，他介绍友人要画，比他自己要的更多，所以，他也不见得怎么富，也不一定是位收藏家。

2002年2月10日

最近理照片，发现此画照（按：指"儿童群相"画），且有二张同样。今送你一张，或许有用。

2002年3月14日

一吟女士的信解开了我的很多疑惑，特别是得知丰、张两人70年代还在上海陕西南路上的野味香饭店见过面，说明当时他们还有来往，那么张院西应该也在上海居住。1973年正处于"文革"期间，那时丰子恺的日子并不好过，这个时间点两人依然见面，虽然说不上有什么特别，但也能说明他们的交谊确实不一般。

一吟女士在信中提到了"儿童群相"这幅画，并附上了翻拍的照片。正好丰子恺致张院西的信中也有几封说到此画：

院西仁弟：……吾弟欲得《儿童相》而藏之，此事仆自己亦感兴味，盖仆一向喜写儿童也。待笔债还清（因双十润笔加倍，故近笔债堆积，大约双十前后可还清。附寄改定润例，供传观），当将漫画儿童相中可爱诸相，汇集为一图，画面必甚闹热矣。同时仆自己亦绘一张自藏也。惟此事费时，请略缓报命。兴味之作，不收润笔，请勿客气。……

小兄 丰子恺叩
（1947年） 十月六日

院西仁弟：……仆近拔牙，将所有十七颗牙完全拔去，改装假牙全口，今日为拔完之日，虽无苦痛，因连日麻醉，身心疲劳。儿童生活横幅，须待元气恢复后画奉可也，请宽待为荷……

小兄 子恺叩

（1947年）十一月廿七日

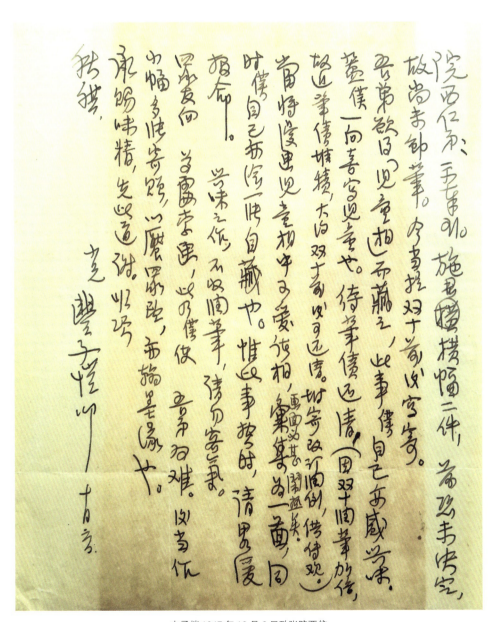

丰子恺1947年10月6日致张院西信

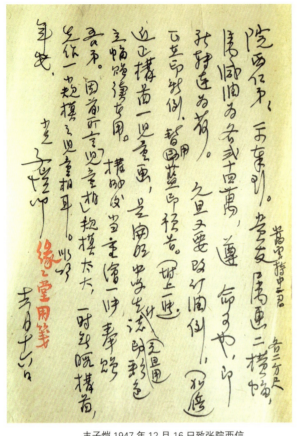 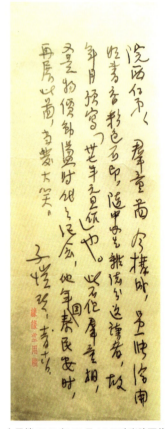

丰子恺1947年12月16日致张院西信　　　丰子恺1947年12月18日致张院西信

院西仁弟：……近正构图一儿童画，是开明《中学生》杂志（元旦用）印彩色立幅赠读者用。构成后当重绘一张奉赠吾弟。因前所言《儿童相》规模太大，一时无暇构图，先作一小规模之儿童相耳。

小兄 子恺叩
（1947年）　十二月十六日

院西仁弟：《群童图》今构成，另一张给开明书店彩色石印，随《中学生》杂志分送读者，故年月预写"卅七年元旦作"也。此不但群童相，又是物价动荡时代之纪念，他年国泰民安时，再展此图，当发大笑。

子恺顿首
（1947年）　十二月十八日

从丰子恺的这些信中可知，张院西很早就向丰氏求画"儿童群相"图，而丰氏自己对这一题材也很感兴趣，一口答应，只是因"此事费时"，又逢双十，笔债大增,故"请略缓报命";并慷慨表示"兴味之作,不收润笔,请勿客气"。后因正逢丰氏拔牙,身心疲惫,此事遂拖延了下来。1947年12月,开明书店的《中学生》杂志拟请丰子恺画一图,准备彩色石印后夹在杂志内,作为新年贺礼赠送给读者。丰子恺于是两事并一事,画了两幅"小规模"的《群童图》,一份给开明书店,一份即赠给张院西。丰子恺在18日的信中不但交待了《群童图》(即"儿童群相"图)的落款时间为什么挪后的原因,并且点明:此画为"物价动荡时代之纪念",而这也正是这幅《群童图》的主题。丰子恺的这封信写于1947年的12月18日,实际上,早在一年前,上海的物价已经呈现飞涨的趋势。1945年9月5日,在日本政府正式签署无条件投降书后的第三天,蒋介石的主力部队即飞降上海,不久大批接收官员随之而来。短暂的喜悦过后,人们很快发现,这些大员们凭借手中的特权,竟做着搜括民脂民膏的勾当;有些人以前还曾在伪政府任过职,现在竟也凭借着"朝中有人"耀武扬威起来。老百姓虽无力反抗,但坊间流传的民谣则尽情宣泄着他们心中的愤慨,他们把这样的"接收大员"称为"劫收大员",将其所作所为称作"五子登科"(架子、条子、房子、女子、车子),上海也成为中国遭受经济崩溃恶浪损害最烈的地区。伪中储券(日伪时期华中、华南地区通用货币)和法币(国统区通用货币)兑换比率为200:1,让上海滩上的一切急速贬值。当时的物价已经是战前的几百倍、几千倍了,对国民政府腐败的责难此时已呈民怨鼎沸之势,以至于有人愤慨,还不如过回到战前。丰子恺在送给张院西"笑存"的这幅《群童图》上题有一首打油诗:"襁褓像物价,日长又夜长。出世才三朝,看似三岁外。"这正是当时上海物价一日三变的真实写照,也是对这一畸形现象的巧妙讽刺。丰子恺的这幅《群童图》由开明书店彩色石印,夹在《中学生》杂志1948年新年号里分送给读者,以为福利。这想来应该出自叶圣陶等一批"开明元老"的倡议,而丰子恺也是"开明"的股东,自然愿意配合,成全这一美事。蹊跷的是,丰子恺还另绘有一张题为《新衣》的画,也是作为赠品夹在1948年新年号的《中学生》里附送给读者。查1947年12月24日《叶圣陶日记》,有这样的记载:

1947年12月丰子恺绘赠张院西《群童图》

"余到店后作一绝,题子恺之画,将以为《中学生》杂志之赠品者。其画作元旦日合家穿新衣,大姊正为稚弟穿上之状。余诗曰:'深知天下犹饥溺,试着新衣色赧然。安得家家俱饱暖,眉梢喜溢过新年。'"(叶至善整理:《叶圣陶日记》,商务印书馆 2018 年版)由丰画到叶诗,都可以看出当时物价腾飞、民不聊生的景象,这且不提;令人疑惑的是即便欢庆新年,同一期杂志附送两幅赠品,这似乎有些奢侈。谢其章在《丰子恺的"新年漫画"》一文里说:《新衣》这幅画是"作为 1948 年的赠品送给《中学生》杂志订户,零售的《中学生》则没有"。并特地说明:画很大,宽 25 厘米,长 48 厘米,用中国纸彩印,必须叠成几折夹在杂志里(谢其章:《漫画漫话:1910—1950 年世间相》,新星出版社 2006 年版)。我猜测,这幅大尺寸的《新衣》既然是为订户准备的,那么,《群童图》想必尺寸一定偏小,应该是送给零售读者的礼物,如此,则既不显厚此薄彼,更皆大欢喜也。我由此想到的是,当年杂志里的这类"夹物"其实还不少,并且范围很广,有些还颇有价值。但可惜由于是"散页",不易保存,留存下来的更是少见,即使是一些大型图书馆,也往往不见此类"散页"的踪影,故似乎更应引起我们注意。

二

抗战时期物资供应紧张,民生艰难,而张院西当时在西南执掌供销社,手中掌握有相当资源,他也因此拥有丰富的人脉关系。但即便如此,张院西毕竟只是位居中层的实业家,并非豪富,也算不上是收藏家,正如一吟女士所猜测的那样:"据我看,他介绍友人要画,比他自己要的更多,所以,他也不见得怎么富,也不一定是位收藏家。"

张院西除了自己收藏一些字画以外,确实更多的是以中介人的身份出现在和画家的交往中,而当时的一些书画家也愿意通过更多的渠道来出售自己的作品,在物价腾升、物资匮乏的战时略有收益,弥补家用。这种特殊的关系古已有之,对彼此都是一种双赢。下面的两封信是很好的说明:

院西吾友:……弘一法师像,稍凉后当写一帧奉赠。册页润格,普通照一方尺算(附润例,此例九月起将改订,增为每方尺千元),但经吾弟介绍,可不拘例,请代为裁定可也。生活狂澜未已,为欲抵抗,我竟变成了卖画人,常引为愧。秋凉盼能图晤,以后通信,乞寄沙坪坝庙弯丰宅,此乃自建节庐,收信较为妥速,且永久也。即颂

秋安!

小兄 子恺 叩
(1943 年) 八月廿三日

院西吾友:……弘一师像,因郑重故,不旨草率从事,故至今未奉。各方索者已达十余帧,不日当安排清净身意,一并写绘……仆近辞艺专,闲居在家,以读书

作画为事，恢复抗战前十年来之生活，一时颇觉自由。足下公忙，请勿枉驾，仆入城时当顺道到化龙桥相晤也。前寄润例，有机会时代为宣传介绍，乞勿勉强可也。顺祝

  秋安！

子恺 顿首
（1943年） 九月卅日

  丰子恺是1942年11月告别浙大抵达重庆沙坪坝的，并于当月下旬在重庆夫子池举办了了平生第一次画展。1943年夏，丰子恺在沙坪坝正街以西租地自建竹壁平屋，命名为"沙坪小屋"，正式地址为沙坪坝庙湾特5号；当年秋，他辞去国立艺术专科学校教务主任一职，在家潜心书画创作。据此，上述两信当都写于1943年无疑。弘一法师是1942年10月13日在泉州开元寺圆寂的，这对丰子恺影响很大，在接到开元寺性常法师电报后他即静坐数十分钟，发愿为法师造像一百尊。当时，因仰慕弘一高僧大名，向丰子恺求画弘一像的人很多，张院西也是其中之一。而丰子恺将此视为郑重之事，并不愿轻率落笔，草草打发，上述两信就是丰氏此种心态的流露。

  丰子恺曾在很多文化机构任职，有很体面的收入；向他约稿（包括书画和文章）的报刊也源源不断，应接不暇。故在战前，虽然子女众多，他也足以依靠自己的学识和一支笔养家糊口，并无后顾之忧。战争改变了这一切，抗战爆发后，丰氏拖家带口，疲于奔命，1942年抵达重庆，算是暂时安顿下来。当时，丰子恺已经离开了浙江大学，又辞去了国立艺专的教职，没有了稳定收入，卖画就成了摆在丰氏面前很实际的首选，况且，喜欢他书画作品的人又是那样的众多。到达沙坪坝的当月，丰子恺就举办了平生第一次画展，我想，这也应该是向公众的一次信息发布吧，虽然他心里其实并非情愿以卖画为生："生活狂澜未已，为欲抵抗，我竟变成了卖画人，常引为愧。"信中的这段话非常坦率，也表露得很清楚。既然要卖画，一定的渠道还是需要的，有人介绍，往往事半功倍，张院西恰在这时出现，而且在紧俏物资方面对丰氏还多有帮助，丰氏自然感恩，在言辞上非常客气，售画的条件也很优惠："但经吾弟介绍，可不拘例，请代为裁定可也。""前寄润例，有机会时代为宣传介绍，乞勿勉强可也。"等等皆是。

  战时物资供应紧张，可以想象；丰氏一家人口众多，吃穿用度都倍于一般家庭，更觉困难。而且，丰子恺茹素，战前且吃净素，抗战后因应酬不便，始改吃"三净肉"（"三净肉"乃佛教名词，指：不为己杀、已死动物、不得已故。如此则虽吃荤而不犯杀戒），即所谓"肉边菜"，心中常感不安。当时食油属于战略物资，一律凭票供应，而且一般都是猪油，菜油少量限购，这让茹素的丰氏颇感不便。而张院西在供销社掌权，手中握有一定资源，正好在这方面解了丰氏燃眉之急：

院西仁弟：示奉到，蒙设法购糖，至感；食油隔月供应，无妨，因舍下已于前日装置电灯，油可专供食用，隔月得廿斤，亦庶几不乏矣……即颂

时祺！

小兄 子恺 叩

（1944年） 四月十四日

院西学友：……食油如可得，乞随时示知，以便派人来领……即颂

时安！

小兄 子恺 叩

（1944年） 五月十七日

院西仁弟：昨日上歌乐山，回来始知受赠麻油八斤，僧烛十二支。仆前函原意，如油可代购，拟请代购耳。今受赠愧甚，不好意思。此间菜油每月每人限购四两（家有身份证六张，才得廿四两耳），今得八斤，可长期无忧矣，特此道谢。以后还有糖可得，更佳。但不可再赠，有时当由仆派工役到尊处领取并

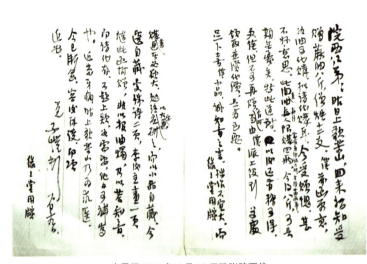

丰子恺1944年6月19日致张院西信

偿代价，是为至要。

足下喜仆小品，诚知音之言。拙作不宜大。而购书画者必欲大，勉强以大字画应酬之，而以小品自藏。今选自藏曼殊诗二页，李后主画一页，随此函附赠，非以报油、烛，乃以答知音……即颂

近安！

小兄 子恺 顿首

（1944年） 六月十九日

院西仁弟：示奉到。白糖及麻油有办法，甚为欣慰。即请代购：白糖廿斤，麻

丰子恺 1945 年 6 月 27 日致张院西信

丰子恺 1945 年 7 月 21 日致张院西信

丰子恺 1945 年 8 月 21 日致张院西信

丰子恺 1945 年 10 月 10 日致张院西信

油尽尊处限量，多多益善。买定，乞示知数量、价值，当即派工人持器及货款，前来化龙桥领取……即颂

　　近安！

小兄 子恺 叩
（1945年）　六月二十七日

　　院西吾友：……承代办糖、油，复承厚赠肥皂、药皂，感谢殊深，只得另图后报。先此致谢。疲倦，暂不多书。即颂

　　著祺！

小兄 子恺 叩
（1945年）　七月二十一日

　　食油、白糖、肥皂之类都是普通的生活用品，在承平时期即如灶头烧火小婢，自然不致引人注意；而一到战时，万物短缺，处处不便，这类生活中须臾不可少、家家不可缺的日常之物，马上成为紧俏物资，顿显尊贵，需要凭票限量供应。张院西在这方面的经常接济，对丰子恺一家而言，确实可称是鼎力相助。故丰氏不惜卑辞相谢，并且尽量满足他的求画要求，甚至时常无偿相赠，演绎了一段抗战时期画家与画商之间的佳话。

三

　　除了买画卖画，购油购糖，丰子恺和张院西之间也经常会谈些艺术话题。张院西的审美水准并不低，丰氏1944年6月19日信中言："足下喜仆小品，诚知音之言。拙作不宜大。而购书画者必欲大，勉强以大字画应酬之，而以小品自藏。"即是一例。与那些假、大、空之作相比，丰子恺更注重小、巧、精、拙，他的风格特色是将烂漫气质蕴含于毫芒之间，将人品格调融汇在方寸之中，若孩童般天真自然，着重表现人间的真趣味、真性情。张院西喜欢他的小品，这自然搔得痒处，引起丰氏共鸣。当然，两人交往之中更多的肯定是丰氏对张院西的指点。如：

　　院西仁弟：……马先生润例极低，使求者担负轻便。此公书法，当今首屈一指，吾弟不妨多求（以后即可直接寄币汇款），并应多方介绍，勿失良机也（仆近亦求得五件）。即颂

　　近好！

小兄 恺 叩
（1944年）　三月五日

丰子恺求学时，曾在李叔同先生指导下，很认真地临摹过《张猛龙碑》《龙门二十品》《魏齐造像》等碑刻法书。在现代书家中，他非常服膺马一浮的行书，马老的书法是魏碑与二王行书结合的典范，丰子恺后来书法的走向与此有很大渊源。因此，丰氏向张院西大力推荐马一浮的书法，并让他多方介绍，这也是丰氏审美趣向的体现。而张院西也从善如流，立即下单请购马一浮的书法：

院西仁弟：……马先生润资千元已代汇去，邮资不需五百元，数十元已足，吾弟既汇来，仆即如数转汇与马先生，说明五百元是张君所赠邮资。此亦敬老之意，想吾弟必同意也……浙江大学教授南京郾衡叔先生，国画清丽，为时下所难得（仆不喜时下国画，恨其依样葫芦，千篇一律，毫无创意。独于郾君画深爱之，为其布局用笔之清丽）。仆去岁收藏数幅（乃彼求售而仆选购者），今以一幅《秋山亭子》移赠，并加题跋。因无以为报，砚墨之赠，借花献佛而已……即颂

时安！

小兄 子恺 叩
（1944年）三月廿七日

郾衡叔（1904-1967）是丰子恺授教浙江大学时的同事，他本名郾承铨，号愿堂，别署无愿居士，江苏南京人，是著名的诗人、学者，于诗词一道颇有研究，有《愿堂读书记》等著作行世。他又喜好艺术，书法绘画俱极典雅，是典型的文人画家。丰子恺崇尚自然天趣，郾衡叔的绘画艺术不墨守成规，其清丽典雅的绘画风格别具天趣，故获得丰氏大力赞赏，并以其佳作移赠张院西，作为获赠砚台笔墨的答谢，其中自然也有推荐朋友画作的美意。

1949年时代变局之际，知识分子是怎么想的？他们生活如何？待遇又怎样？这是很有意义的课题，学界关注的人也不少，可惜真正可靠的第一手资料并不多。丰子恺这里的几封信提供了很有价值的资讯：

院西仁弟：久不通音，世变沧桑；忽接来示，至深欣慰。仆去秋漫游台湾、闽南、香港、广州，解放前数周飞返上海。因交通断绝，不能返杭，遂卜居沪上。址如下：吕班路、南昌路（即陶尔非斯路）43弄76号，电话八四九七九。

数月来虽未通问，然每写信，必念及仁弟，因此种信笺，乃吾弟所赠，至今尚未用罄也。来示索画，稍缓写奉，以纪念解放之欢庆。不受润笔，盖真正之自由平等，从兹始可实现；而过去社会之罪恶黑暗，从兹可以消灭。虽目下解放伊始，小有缺陷，然确信以此精神治国，将来必上轨道，使人人各得其所。犹似患疮之人，请医开刀，虽一时苦痛，将来必得幸福也。仆解放后忙于编制新艺术论，卖画生活暂告段落，虽收入不及以前之丰，然简略生活，颇可度过。我等在此，本无物质奢望，能与众

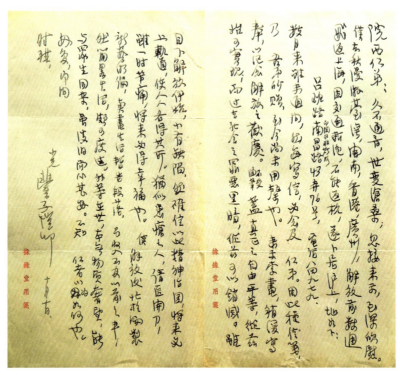

丰子恺1949年10月10日致张院西信

生同乐,虽清旧而心甚安。不知仁者以为如何也。匆复,即问

时祺!

              小兄 丰子恺 叩

            （1949年） 十月十日

  院西仁弟：示奉到。近因解放后求书画者甚少,同时俄文学习甚忙,编译又忙,以故停止鬻画,无有润例。但友好所属,仍可无条件应命。贵友所属,请示款名及大小,当写奉可也。顺颂

日安!

              小兄 丰子恺 叩

            （1950年） 七月十一日

  院西仁弟：梅兰竹菊诗笺,诚属可爱。我写了四张字,都是毛主席的诗词。其余的我寄还你,因为我近来久已不作书画（画已封笔,附上启事一）,对此物已无兴趣。我近来专门学习俄文,与画笺相去很远了。但我很赞成你来信的话："在工作疲倦时,能恢复疲劳,亦所必需。"我近来以读诗词为恢复疲劳之物。白居易诗尤为可爱。而我自己艺术创作,竟完全停止了。所以我不能替你作画。天潼路666

弄39号万叶书店近刊我过去的画,有两册:《子恺漫画彩色版》及《儿童情景》,你倘爱看我的画,不妨去买两册看看……顺问

近好!

小兄 丰子恺 叩
（1951年） 九月十三日

新政权的诞生，会改变旧社会的很多习俗，冲击很多人原有的生活模式，这是时代之必然。丰氏写于1949年10月和1950年7月的两封信，心情平静，思绪坦然，他自觉停止了鬻画生涯，表示"卖画生活暂告段落，虽收入不及以前之丰，然简略生活，颇可度过。我等在此，本无物质奢望，能与众生同乐，虽清苦而心甚安"；他并对未来寄托有很大的期望："真正之自由平等，从兹始可实现；而过去社会之罪恶黑暗，从兹可以消灭。虽目下解放伊始，小有缺陷，然确信以此精神治国，将来必上轨道，使人人各得其所。犹似患疮之人，请医开刀，虽一时苦痛，将来必得幸福也。"而写于1951年的那封信，表面看来风平浪静，其实，已经有很大矛盾冲突隐藏其中，答案就在"梅兰竹菊"这四个字里。1950年夏，上海美术界在绍兴路7号中华学谊社举行大会，先有解放区来的人介绍那里的美术情况，然后会议主席米谷请丰子恺讲话。根据毕克官《<子恺漫画>研究》一文引述钱君匋先生的回忆，丰先生在会上讲了这样一番话："刚才各位同志对绘画的方向道路，为工农兵服务都谈到了，赞颂工农兵，这是必须的。但我以为，过去中国的梅兰竹菊，还是要搞的。因为一天工作很累，晚上回家要休息，梅兰竹菊也不可以抛弃，还有必要。为工农兵是大拳头，'四君子'利于恢复疲劳。"丰子恺讲话完毕，当场有五六个人上台发言，对他刚才的讲话进行激烈的批评。丰子恺对这突如其来的批评大吃一惊，身上的冷汗都湿透了衣衫。回去的路上，丰先生说："我以后不谈美术了，让他们去吧！以后美术的会我也不参加了。"（见毕克官《漫画的话与画：百年漫画见闻录》，中国文史出版社2002年版）再对照丰氏一年后信中所言："我近来久已不作书画（画已封笔，附上启事一），对此物已无兴趣。我近来专门学习俄文，与画笔相去很远了……我自己艺术创作，竟完全停止了。所以我不能替你作画。"其中的情绪是显而易见的。

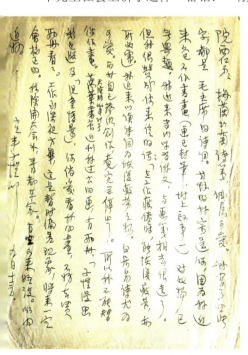

丰子恺1951年9月13日致张院西信

坚守与困窘
——傅抱石致张院西信札释读

书札一体，广泛用于人们之间的交往，内容最为繁杂，难以界限，大体因人而分，风格迥异，因事而别，各有主旨。宋代欧阳修对此有过一段著名的论述："予常喜览魏晋以来笔墨遗迹，而想前人之高致也。所谓法帖者，其事率皆吊哀、候病、叙暌离、通讯问，施于家人朋友之间，不过数行而已。盖其初非用意，而逸笔余兴，淋漓挥洒，或妍或丑，百态横生，披卷发函，烂然在目，使人骤见惊艳，徐而视之，其意态愈见穷尽，故使后世得之，以为奇玩，而想见其人也。至于高文大册，何尝用此。"（欧阳修《跋王献之法帖》）欧阳修这里虽然说的是法帖，而其实这些法书墨宝，都是古代文人的书札，也即日常叙事问候的书信，因信上书法太美，收信人看完后不舍得丢弃，存留下来，经过一代代"临摹"，遂变成练习书法的"帖"，如著名的《平复帖》《中秋帖》《伯远帖》《鸭头丸》等皆是。就笔者所藏傅抱石与张院西的这几十通信札而言，主要是画家与画商之间的交往记录，又因通信时间正好在抗战期间和战后之初，故正好能从中窥见其时知识分子的坚守和窘境，以及彼此之间相互援手的日常片段。细细读来，主人略显琐细的絮絮而道，却正是彼时傅抱石真实而艰难的生活实录，犹如古代诗和词的分野，文章和书信的功能，在这里也都显得泾渭分明。这些信中，有些正好涉及《竹林七贤图》和《泰山巍巍图》的创作，这是傅抱石艺术生涯中的两幅著名作品，前者在十余年前还因所谓的"双胞案"事件而引起艺术界和媒体的广泛关注。为叙述方便和节约大家精力，本文仅就此略作征引和阐述。

一、关于《竹林七贤图》

傅抱石这几十通信皆写给张院西。关于张院西其人，即使现今互联网如此发达，网上也几乎查不到任何有用的信息。笔者仅知：此人名张辐臣，字院西，为河北南皮人，早期曾在当地开设过银号、典当行，出任经理，抗战期间前往西南发展，负责供销社工作，在调配物资方面有着很大权力；另因为颇懂书画，他还曾兼任过朵云轩重庆分公司的经理一职。也许因为这些原因，他一方面和很多书画收藏家关系密切，来往频繁；另一方面，他在书画界也结交广泛，非常活跃，拥有深厚的人脉关系，和丰子恺、马一浮、傅抱石、徐悲鸿、陈之佛等很多著名书画家都有经常的交往。在战时的西南，于书画方面能有如此上下游关系的张院西，自然长袖善舞，颇具声望。

傅抱石和张院西何时相识结交？具体细节已不可考。在他们现存来往信件中，写于1942年12月13日的这封信可能是最早的。众所周知，"傅抱石教授国画展览会"于1942年10月10日至12日在重庆夫子池励志社举行，此即著名的"壬午个展"。除了1935年5月他在日本东京银座松阪屋举办的"傅抱石氏书画篆刻个展"，这也是傅抱石在国内首次以画家的身份惊艳亮相，在此之前，大众面前的傅抱石还主要是一个教授美术史的大学老师，只有艺术圈内人才知道他擅长绘画。展览由中国文艺社、中华全国美术社主办，展出三天，共展出作品一百余件，十之六七为在重庆西郊金刚坡下所作，以1942年2月以后新作为主，其余为抗战后逗留江西新喻、湖南东安、广西桂林时的作品，包括《云台山图卷》《赤壁舟游》《东山逸致》《兰亭图》《洗手图》，及郭沫若、徐悲鸿、沈尹默诸人题诗题句之《屈原像》《陶渊明像》等名作，均在此次个展中展出。这些作品显示了傅抱石画作强烈的个人风格，也是画家艺术创作进入成熟期的标志。

1942年傅抱石一家在重庆西郊金刚坡下（生主主编《傅抱石全集》，广西美术出版社2008年版）

"壬午个展"反响强烈，大获成功，展出作品也大部售出。重庆版《时事新报》副刊《青光》专门辟"傅抱石教授画展特辑"，发表徐悲鸿、吕斯百、陈立夫、常任侠等人诗文盛赞画展，重庆《中央日报》则连载张安治长文《中国自然主义的宠儿》，大力褒扬傅抱石的画作。作为画商，这样盛大的画展自然不会错过，张院西很可能就是在"壬午个展"上经人介绍认识了傅抱石，尔后才有了通信关系。从常理分析，张院西写信给傅抱石应该在"壬午个展"结束后不久，即大约在1942年11月份，而傅抱石写于同年12月13日的这份回信，则很有可能就是收到张院西信后的首次

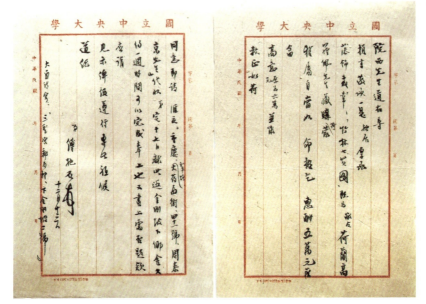

傅抱石1942年12月13日致张院西函

傅抱石1943年绘《竹林七贤》，南京博物院收藏

回复，信的语气以及特意写示的回信地址，都可以说是佐证：

院西先生道右：辱损书，敬承一是。拙展厚承藻饰，感幸！感幸！《竹林七贤图》既为敝友荷兰高罗佩先生藏购，荷蒙雅属，自当如命。拟乞惠酬五万元，藉口高意（原为六万元），并承教正。如荷同意，即请汇交"重庆和平路火药局街四十一号周泰京先生"代收。弟定十七日离此返金刚坡下乡舍，大约一周时间可以完成奉上也。又，画上需否题款，应请见示，俾须遵行。专此，祗候

道绥！

弟 傅抱石 顿首
（1942年）十二月十三日

大函请寄："三圣宫邮局转下金刚坡二号"

张院西不愧是个尽责的画商，首次通信就是求画，而且是以荷兰驻重庆使馆一秘高罗佩的经纪人身份向傅抱石求画。高罗佩是位深谙中国文化的汉学家，他并不把自己局限于中国文化的学术研究，还积极参与尝试士大夫们所擅长的艺术，如书法、篆刻、绘画、鼓琴等，故傅抱石画展首次在重庆亮相，他就一眼看出了傅氏作品的不同寻常，马上托经纪人出面求画，并且点题要画《竹林七贤图》。竹林七贤是指魏晋时期的七位名士：阮籍、嵇康、山涛、刘伶、阮咸、向秀、王戎，七人互有交往，诗、文、赋俱富盛誉，他们潇洒孤傲、旷达高雅的故事流传甚广，也是历代画家们非常热衷的题材，仇英、任伯年、张大千等都画过"七贤图"。作为一个长期浸淫于中国文化，又专职教授中国美术史，且擅长历史人物画的画家，傅抱石对"竹林七贤""西园雅集"等传统题材，自然烂熟于心，并且不止一次地绘制过，现在有人上门求画，嘱托人又是自己相熟的，"荷蒙雅属，自当如命"，并且主动减酬，以示诚意。按照信中所言"弟定十七日离此返金刚坡下乡舍，大约一周时间可以完成奉上也"，张院西收到此画的时间应该不晚于12月底。但从以后傅、张两人的来往信件来看，傅抱石于1942年12月24日在金刚坡三圣宫邮局挂号寄出《竹林七贤图》，张院西却并未收到，1943年1月4日，他写信向傅抱石询问，傅氏大吃一惊，"立刻向邮局请查"，同时，"乞先生向贵行传达或收发室一询"。以后，他们围绕着此画的失窃互致信件，一阵忙碌，最终还是无法"破案"，以致傅抱石只能自嘲"大约为好事者窃去，就弟言，亦不知不觉中得一知己"。傅抱石不愿失信于人，于是"明晨起即开始重画"，并且格外认真，画作也"较弟过去似更可观"，且为表歉意，"另奉山水立轴一幅"。此事至此始告一段落，而此时已经是1943年1月底了，为时整整一个月。

关于《竹林七贤图》，引起的风波不少。据叶宗镐《傅抱石年谱》载：傅抱石

有一幅作于1943年3月的《竹林七贤》，画上有题识：癸未二月下浣，写于东川，抱石。此图由台湾私人收藏，刊1991年8月香港《名家翰墨》杂志第19期。但2001年11月北京中国嘉德秋季拍卖会上，竟赫然又出现了第二幅与此图完全相同的《竹林七贤》，包括人物形象、构图、尺寸大小以及题识等，似乎其中一幅是覆在另一幅上描摹下来的。叶宗镐认为：两者或有一假，但也有可能是傅氏自己将衬纸洇下的图形进行了加工，同时画成两幅，则两者皆真（叶宗镐：《傅抱石年谱》，上海古籍出版社2004年版）。从时间上来说，这里提到的两幅《竹林七贤图》皆绘于1943年3月，与上述1942年12月和1943年1月傅氏画给高罗佩的两幅，显然并不相同。而2004年4月，香港苏富比春季拍卖会

傅抱石1943年绘《竹林七贤》，题款"癸未二月下浣写于东川"

傅抱石1943年绘《竹林七贤》，题款"癸未二月造"

上又出现了一幅傅抱石的《竹林七贤图》，估价350万至500万港元。因为坊间对此画有争议，《南京晨报》记者采访了傅抱石儿子傅二石，据该报报道：傅二石指出该画右边的落款有问题，款字绝对不是傅抱石的字。他称父亲的书法水平相当高，写字有独特的习惯，别人模仿不了。"我从小就看父亲写字，对他的字很敏感，所以我一看这幅画的落款就知道是假的，仿的功力不够，完全没有傅抱石的味道，倒是画本身有那么点意思，仿得还是不错的。"（刊《南京晨报》，2004年4月9日）

傅抱石 1945 年在重庆金刚坡下绘《竹林七贤》，故宫博物院收藏

傅抱石 1945 年在重庆绘《竹林七贤》

针对质疑，香港苏富比书画部主管张超群表示：苏富比不想反驳，只想用事实来说话。他向记者介绍：傅抱石的《竹林七贤》来源为美国著名古玩商庞耐的旧藏，是他在日本期间所得，1980 年 2 月方转归水松石山房主人。"竹林七贤"是傅抱石历史故事作品中擅长题材之一，为了证实该幅画确系傅氏亲笔，苏富比还向媒体提供了目前公开资料显示的，傅抱石自 1943 年以来以"竹林七贤"为题材创作的六个版本的画作，以此证实这些画作同出一源（刊《新闻晨报》，2004 年 4 月 14 日）。随即，傅二石于 4 月 17 日写信给张超群，表示《南京晨报》的报道并非自己授权：我并未见到《竹林七贤》一画的真迹，仅见到《南京晨报》记者送来的电脑复制件，因此并未对该画的真伪正式表态，更未允许该记者不负责任且不确切的报道。傅二石表示：自己近日始从友人处得到香港苏富比的图录，看到了这幅作品的照片。经过认真看图录，他认为无论从作品的绘画风格还是艺术水准上来看，可以认定这幅《竹林七贤》是傅抱石的真迹（刊《中国商报》，2004 年 4 月 22 日）。4 月 26 日，苏富比拍卖如常进行，

最后，傅抱石的这幅《竹林七贤》以611万港元成交（刊《文汇报》，2004年4月28日）。纷纷扬扬的苏富比"竹林七贤"真假案，至此始告一段落。

围绕着名家画作，少不了真假之争，而面对傅抱石作品近年来高悬的价格，利欲诱惑之下的作假更是层出不穷；另一方面，傅抱石有同一题材作画多幅的习惯，他的《大涤草堂图》《擘阮图》《虎溪三笑》《东山携妓图》《湘夫人》《赤壁夜游》等就不止一次画过，《竹林七贤图》存世有六七幅之多，《芙蓉国里尽朝晖》更是画了不少于十幅。几乎所有成名画家都有这种同题多幅现象，缘由不同，真假复杂。傅抱石因《竹林七贤图》被窃一事，当年亲笔所写的这些信件，对今天傅画的辨析应该尚有启迪，故借本文首

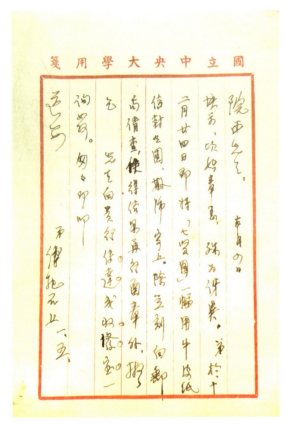

傅抱石1943年1月5日致张院西函

次披露这些信件，聊供参考：

　　院西先生：本月四日快示，顷始奉悉，殊为讶异。弟于十二月廿四日即将《七贤图》一幅用牛皮纸信封封固，挂号寄上。除立刻向邮局请查，俟得结果再行函奉外，拟乞先生向贵行传达或收发室一询如何？匆匆，即叩

　　道安！

弟　傅抱石　顿首
（1943年）　一、五

　　院西先生道右：前日奉书，始悉拙作未曾收到，无任歉仄。弟当时即嘱邮差（因乡间系邮差送至舍下）依法急查，并因时草数行奉闻，计承詧收。弟今日须赴中大一行，约三数日返乡，届时若不获结果，当另行开始绘制一幅陈上，惟迟误，至深恧感也。拙画系十二月廿四日交"三圣宫"局挂号发出（用厚牛皮纸长式信封），号数为（4618）号，发信收据现存弟处。据邮局云："化龙桥"信件系直接封达，

院西先生道右 荷日奉书始画拟作未曾写刻每作欢及乎（因乡间係邮差送至余下）当时即嘱邮差依法急查并同呼草敬行奉 询计邀警及乎今日始忽中大一行得三数日返乡尽以某不获信家当另行闻始缯製一幅陈工帷匆匆至澳懋感中邮书係十二月廿四日交三贺家局掷昨到邮号为（4618）（用厚牛皮纸长式信封）似信收據现存乎處掛邮局云他能携信件係直接送達中途不须停好者。兹先忽捌先忽向贵行收发室一询廿廿其三日可收掷似信件登記簿册如不获再云 饬役向他龙掷邮马一词如渠傅了，当作另另向他遂信乎傅抱石下週当将明革告一信来中

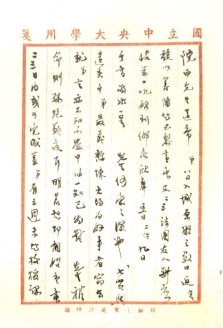
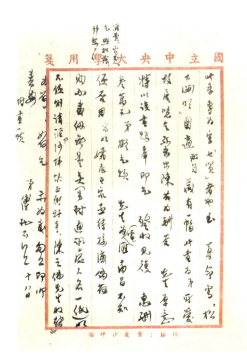

傅抱石 1943 年 1 月 18 日致张院西函

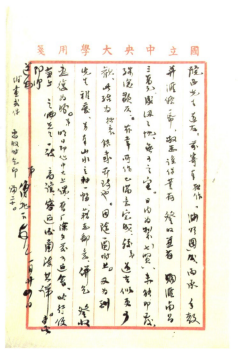

傅抱石 1943 年 1 月 24 日致张院西函

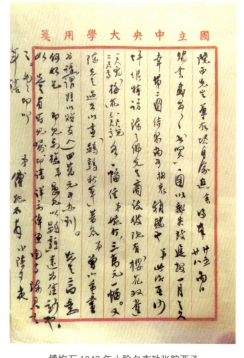

傅抱石 1943 年小除夕夜致张院西函

中途不须转折者。先生如便，拟先乞向贵行收发室一询廿四、廿五、廿六三日所收挂号信件登记簿册，如示获，再乞饬役向化龙桥邮局一询如何？总之，无论如何，弟下周应将此事告一结束也。匆候

　　道绥！

弟　傅抱石　顿首
（1943年）（一月）　七日

　　院西先生道席：弟八日入城，原拟三数日返舍，旋以筹备赴巴黎画展及二、三法国友人酬应，致前日晚始到乡居，欣奉五日、九日二件手书，敬承一是。先生何爱之深也。《七贤图》遗失事，弟最感怅悚，大约为好事者窃去。就弟言，亦不知不觉中得一知己；然对先生雅命，则殊抱歉疚耳！明晨起即开始重画，二、三日内或可完成，盖弟有三周未赴校授课，此来专为写《七贤图》者也……匆匆，即叩

　　春安！

弟　傅抱石　顿首
（1943年）（一月）　十八日

　　院西先生道右：……日内为制《七贤》，未能叩发，殊深歉疚。兹幸所作已满意完成，较弟过去似更可观，此殆为拙衷铭感所致也。因随函附上。又为酬先生雅爱，另奉山水立轴一幅，藉志鄙意，并乞詧收惠复为盼……专此，即叩

　　道安！

弟　傅抱石　顿首
（1943年）　一月　廿四日

　　院西先生尊右：顷自渝返舍后，奉廿五、廿八两日赐书，感甚感甚。《七贤》一图以邮失，致迟报一月之久，幸第二图结果尚可，拙衷稍慰也……匆匆，即叩

　　年禧！

弟　傅抱石　顿首
（1943年）　小除夕夜

二、关于《泰山巍巍图》

　　抗战之前，傅抱石活动之地主要在江西南昌、日本东京和江苏南京，他频繁往返三地，孜孜求学，辛勤创作，努力育人，过着艰辛而平稳的生活。抗战爆发后，安稳不再，他服务于郭沫若主持的国民政府军事委员会政治部第三厅，奔波在武汉、株洲、衡阳、长沙、桂林等地，经历了"武汉保卫战""长沙大火""桂林大轰炸"

等惊心动魄的抗战事件。1939年1月，傅抱石率全家历尽千辛万苦，长途跋涉抵达四川綦江，战乱之中，他的不足半岁的女儿三毛不幸病亡。4月，经辗转流徙，傅氏全家终于由綦江到达大后方重庆，暂时得到安稳。此时的傅抱石，一方面仍在政治部第三厅工作，一方面重回中央大学教书育人。这年5月，傅抱石带领全家来到重庆西郊歌乐山金刚坡下，暂居于一农舍，由此遂自署"金刚坡下抱石山斋"，开始了他一生艺术创作中最辉煌的"金刚坡时期"。

傅抱石和张院西就结识于金刚坡时期。其时，傅氏拖儿带女一大家，工资微薄，度日艰辛，养家糊口，殊为不易，卖画收入已成为他很重要的一笔生活来源；而身为艺术经纪人，手中又拥有很多客户资源的张院西恰在此时出现，对傅抱石来说，自然是一位值得交往的朋友。从他们来往的信件中可以知晓，张院西除了自己求画外，还利用自己手中的人脉关系，替傅抱石介绍了很多客户；为报答张院西为他介绍客户之谊，作为谢礼，傅抱石赠送给了他不少画；张院西酷爱他篆刻的印章，希望在给他的画上多多钤印，傅抱石也尽量满足，并且将生徒代刀的"密辛"也透露给他，还特意亲自操刀为他刻了好几枚印。以下这三封写于1946年的信札就很有意思，对探讨画家与画商之间的友谊和微妙关系可谓提供了第一手资料：

院西先生道右：八、九两日手教均祗承一是。日来为先生写得山水、仕女尺页各一，随陈雅鉴。属钤拙印，已就敝笥自用印钤得廿余枚名章，恐未足副大望也。弟于刻印曾迷恋二三十年，向在南昌、南京、东京诸地，均有不少金石因缘。民国二十一年，曾选拓成谱，钤百部售之，今手中也无片楮也。入川后，非好友绝不捉刀（外间所见，大约十之七八为生徒代刀，此事乞秘），然所作仍不下七八十，事惜散乱，各处不能搜陈评赏，为可憾也。至其中除数方略难辨识外，均为弟之名姓印（惟"踪迹大化""糟粕山川""上古衣冠""虎头此记，自少生始得其解""往往醉后""苦瓜诗意""抱石长年""其命惟新""抱石得心之作"诸印时有僻篆）……先生如赏弟篆刻，请选石一二，当欣然刻奉纪念也。匆匆，即叩

  道绥！

弟 抱石 顿首
（1946年）　四，十三

院西先生道席：十三日手教奉到日适有事入城，前午返舍，又奉十六日大翰，敬悉一一。拙作辱荷购介，感拜不尽。诸收藏家均为先生友好，弟惟有竭力在作品求其精，而请酬求其廉，始足称雅意于万一也。兹遵属选陈九帧，随函奉上，敬请督收。先生富收藏，精鉴赏，务恳不弃，惠予指政，至盼至幸。此九帧中，《西园雅集》为据米南宫《西园雅集记》而作，自宋至明，画家不少描绘者，清以后，因人物画衰替，遂成绝响。弟三十一年始试为之，大小写有数幅，武进薛迪功，宜兴

徐悲鸿皆藏有一帧，今特选小幅陈教。又《高僧观棋》大幅，去岁为一学生借临，不慎略有水渍，故特贬其酬（凡拙作所定数目，必要时千乞先生不必拘之，再减无妨。既为先生友好，亦即弟之神交也）……前嘱刻三二印，拟俟一场大雨后，精心刻之。如刻就，当先陈拓本，再寄原印。匆匆，敬叩

　　夏安 并致潭芾！

弟 傅抱石 顿首
（1946年） 七月廿五日

　　院西先生道右：一日暨三日惠示，均雅承一一。隆情盛意，感不可量。夫人雅锦，顷始友惠，因上内子谨奉拙作一帧，藉致忱姻，希赐哂存，为祷为幸。嘱刻之印，日前冒暑为之；收藏一方，仓卒不能得佳璞，乃将拙印"抱石入蜀后作"毁去，为贤伉俪刻之。此石绝不足论，惟此印钤画七八年，亦艺林因缘也。三印为两日所刻，久不捉刀，似别有意趣，堪供雅赏，幸珍视之。弟日曾亲携邮局询寄，云须用铁盒布包，当小包寄发，甚感麻烦，乃告弟可用纸捲成圆轴作为信件，则甚便捷。因将拙作册页十七幅包裹，且顺便可邀审阅也。詧收时（与此信同时发出）乞注意开拆，

傅抱石1946年7月25日致张院西函

最所企盼。此册页大部分为去夏所写，系应友人约携赴美国展览者，旋抗战胜利，迟迟未去。全部共六十帧，去冬拙展，陈列约半，售去二十余枚。兹奉上三组（每组四帧，反面右下角有符号）及分页五幅（成组者以每组出售），另备价目，聊供参考。凡拙作寄陈先生者，千万乞求勿予介意，极方便中，则一观之，弟返京后，当亲来奉唔携回也。至"仪九"先生属画，已写成，随此函附上。

　　此次原荷高谊，为拙作嘘介，感极，感极。尘劳清神，无以复加，容随后图谢，以报万一。画款若赐收后，拟便乞饬役暂为向银行定存。因弟九月中旬以后，即须准备东下，届时自当详函奉闻动定也。永爱索奉拙画，遵附二枚，乞惠存足幸。酷暑尚乞珍葆九祷。匆匆，即叩

　　俪安！

弟　傅抱石顿首
（1946年）　八，七

　　再者，承教甚深，以后见示千祈弗加尊称，拙衷至为歉愆，叩首叩首。弟又及。

虽然，在傅抱石和张院西交往之初就发生了《七贤图》失窃事件，但这难以预料的事件并未在两人之间留下阴影，他们往来如常，友谊不改，反而因此留下了一段画家和画商之间的交往佳话。1945年8月，日本宣布投降，抗战终获胜利，国民

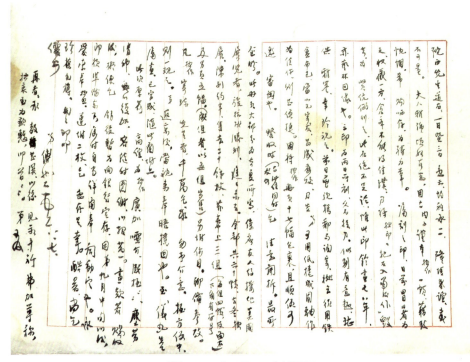

傅抱石1946年8月7日致张院西函

1947年傅抱石与家人在南京（原刊陈履生主编《傅抱石全集》- 广西美术出版社 2008 年版）

1947年傅抱石在南京（原刊陈履生主编《傅抱石全集》，广西美术出版社 2008 年版）

政府打道回府，回到南京，但由于交通条件有限，能在当时很快返回内地的人并不多。傅抱石任教的中央大学，从重庆返回南京的日期是 1946 年 5、6 月间，而傅抱石因家庭拖累，一直延缓到暑假结束才终告动身。10 月 19 日，傅抱石率全家从重庆飞南京，当日下午两点到达。当时人来人往，条件简陋，校内安排均未就绪，傅抱石一家暂时屈居于两间小屋，狼狈不堪，不要说执笔创作，就连日常生活都大受影响，用傅氏自己的话说就是："小室二间，儿女嚣嚣，哪是人的生活！"而恰在这时，傅抱石收到了张院西的来信，12 月 18 日，正逢他的岳父、岳母双庆，想请傅氏作画一帧以作贺礼。虽然家里的条件如此简陋不堪，"一切工作器具，俱付缺如"，但傅抱石还是一口答应，并坚决不愿受酬："今冬为欣奉尊岳父、母大人双庆，弟自当敬写一幅，藉申忱悃，何可言酬。"面对傅氏的热情相助，张院西也倾情回报，除了介绍更多的客户，他主动提出为傅氏刊印画册，还利用自己服务金融界的身份，为傅氏卖画的存款安排安全而又息高的储蓄机构，解了傅氏的后顾之忧。

诚如傅氏所言，"尊岳大人一画，或为弟返京后第一幅"。傅抱石在由渝飞京，诸事一切不顺的艰窘环境下，开笔为张院西绘制了这幅题名为《泰山巍巍图》的贺寿画作。傅抱石精心绘制，画面大气磅礴，整幅画长 84.5 厘米，宽 56 厘米，右上角并写有大段题跋："泰山巍巍图 醒农老伯暨桂玉伯母大人华甲荣寿，丙戌冬月，晚傅抱石敬写，为祝千秋万岁。大人乘龙院西兄，予大战中以艺与交于东川，年来交益深，幸何如也。近方还京，院西兄书来，嘱写画，备大人双庆，惟诸事未安，口口不精，意申忱悃，许制是帧，并求鉴政。十一月十日并记，中央大学六朝松旁写意。"此画在 1982 年由香港苏富比首次释出，而后由"求知雅集"善藏，2008 年收录于《傅抱石全集·第二卷》。2016 年 11 月中国嘉德秋拍，此幅《泰山巍巍图》

傅抱石1946年绘《泰山巍巍图》

于34年后再现拍场,惊艳不减,画从880万元起拍,不断有人加价,最后以1500万元落槌,加佣金最终成交价1725万元。

在这批傅抱石致张院西的信札中,有多封谈及这幅《泰山巍巍图》,特在此予以披露,以飨方家:

院西吾兄尊右:今日奉廿六日手示,及廿日寄渝之信(张君转到),毋任欣感。日来弟一切皆极不安,诚如吾兄所言:啼笑皆非也。今冬为欣奉尊岳父、母大人双庆,弟自当敬写一幅,藉申忱悃,何可言酬。拟乞见示款氏,俾稍定生活,开始作画时,可以绘制也……匆叩

俪安!

弟 抱石 顿首
(1946年)(十月) 廿八晚二时

内人同此

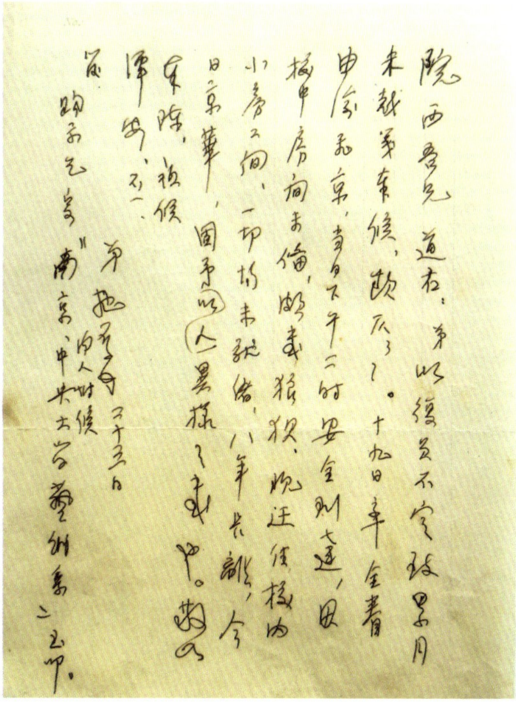

院西吾兄道右：十三日手教敬奉一是。尊令岳大人暨德配双寿，弟自应求一力作，藉申拜祝之诚。拙意为悬挂立轴为佳，若为可供多数人题咏，则手卷亦有别趣，弟固当视制作时之情形而定，然甚想吾兄有以定之也。又最迟须何时完成为宜，乞弗客气示知为感。

弟到校瞬达一月，除兄与一二友人外，几音信亦不执笔，良以住处不定，如日日住客栈，物价又高（弟自重庆来，且为一教员），尤感胁迫。小室二间，儿女嚣嚣，哪是人的生活！且不日又须另迁（迁亦不远，总在校门内外之地也），是故一切工作器具，俱付缺如。尊岳大人一画，或为弟返京后第一幅，

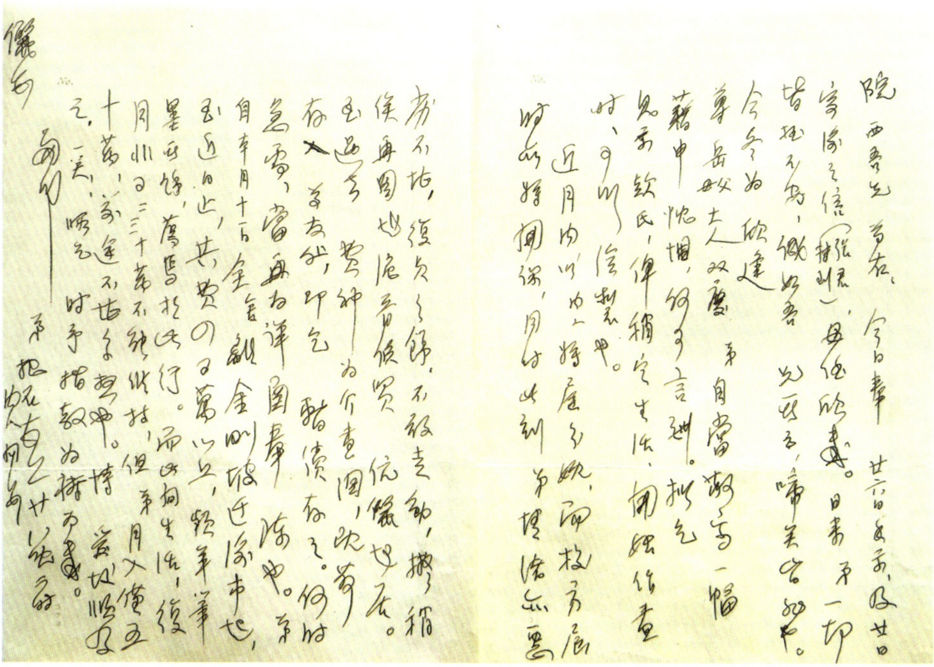

傅抱石 1946 年 10 月 23 日致张院西函

傅抱石 1946 年 10 月 28 日致张院西函

倘非以此重要，复深烦为之存储，何等感谢，谨先致意。匆匆，即叩

俪安！

弟 抱石 上

（1946年） 十一，十六

内人问安！

恐最迟明年一月非在此举行画展不可矣。上海环境虽大，但弟无甚多友人可为支持，或不易行，只有留待有机会时图之。 弟又上

院西吾兄道右：手示奉悉。尊岳父母华诞，弟至希有可观之制，藉申庆贺，准下月十日前可以呈递兄处也。弟一切仍至不安，不知如何，到京后情绪之坏，无以复加也。

日前敝校同事徐悲鸿、陈之佛诸公邀约联合画展，弟尚在考虑，如可成，则自下月十二日起至十六日止。在决定前，当详函奉闻也。

兄属求凤先生画，已托人便往丹阳（长住丹阳）洽办，俟得复，即奉闻。

大示见告，兄与尊友欲为弟刊画册，何等感幸。拙作无甚是处，惭愧，惭愧。惟雅意不敢忘也。有端倪时，尚乞赐示，俾可尽其长也。匆匆，即叩

俪安！

弟 抱石 上

（1946年） 十一月廿十六

内人问安！

再者：弟有小款约二百万元，欲备将来个人画展之资本。但弟不善存储，欲奉询吾兄，有便可代存之否？息金只求普通，但望略稳之所。如蒙可能，即请示知，弟即汇奉。 弟又上

院西我兄：二日奉卅日手教，敬悉一一。三日遵由交行汇奉二百伍十万元，想荷惠收，代费心存储，真感仞不尽。诚如兄言，安稳第一，有大一分，亦可。弟食指太繁（舍间在渝，月用40万，已很好，今非150万不可矣，而月入只50万也），个人消耗又重，年来节约所存，多以不知行情及应法意之口，遗误已甚。此承我兄代劳，何等铭谢也。此款或暂时数月内，不需用动，到期息金，即乞并转，至托。尊岳父母大人双庆无迹，弟昨日开始动笔，敬写山水一帧（此纸尚系上周由渝运到，盖四月上旬付运者），题意在"崇高无上"，故题曰"泰山巍巍"，得自尊意言也。忆已多月不握管，是以倍感欣然，尚乞惠收后不无可评教，幸甚，幸甚。弟为应环境之约（容弟详谈），与敝校同事多位定十二日至十六日在京联合展览，弟出品四十张，应担负开销百万元，结果能售出几何，殊难预计，因弟向不（亦无有力者）乞求权贵为之推介，好歹容随时奉闻。明春拟来沪个展，拙作精者，已秘之留待与

沪人士见面也。特赴闻。匆匆，敬叩

道祉，并叩夫人万福！

弟 抱石 顿首
（1946年）（十二月初）

内人问安，附画一帧

南京亦到处可十二三分，但弟疏懒之人，决不能等闲者，想兄以为然也。又上

院西吾兄道右：手示敬奉悉，以联展方告结束，今日始稍闲，且上课二小时也。款事厚承费心，感何可量，谨此致谢。十八日尊岳大人双寿，弟未能躬祝，至以为歉，拟乞便中为转忱悃是幸。内人周内即将分娩（第五子矣），故月余以内，不但不能远行，且必须守房中小孩内，何其苦也。又此次联合画展，为悲鸿、之佛与弟三人国画，另二人西画。图画各约四十余件（十二日－十六日），因一般购买力之差，致情形甚不佳，但弟托福尚可。综计徐、陈各定出七八幅，西画则各仅一幅，已不敷开销。弟谬邀各方雅鉴，定出约一半，残冬之费有着，想兄闻之必为欣甚也。兹数目系一纸附上，藉博一览……匆匆，即叩

道安，并叩

潭福百益！

弟 抱石 顿首
（1946年） 十二月十九晚

周作人致康嗣群的一封佚信

在2013年11月30日开幕的"一纸飞鸿——上海图书馆藏尺牍精品展"中,集中了有明至当代名人手札三百余通,可谓琳琅满目,观者可大饱眼福;其中且不少为首次公开披露,值得学界关注。如有一封周作人1950年10月致康嗣群的信,不但信函正文保存完好,信封、附件齐全,且内容丰富,书法蕴藉,非常难得。谨先将信函全文录下:

嗣群兄大鉴:廿七日手书诵悉。萨波事承费心甚感。祈与上海出版公司接洽办理。前付十万元,照当时单位计价请由文化偿还,再由我给文化收条可也。附上各年月单位计价一纸,请参考。笔名前用寿遐,近由方纪生为托陆和九刻一印,乃误为遐寿。方君拟请其重刻,但觉得篆文很有意思,且改刻缺少兴趣,难得刻好,故宁改字以从之也。巴金君雅意至可感,明春能分得工夫,古典书很想译,未知出国何时可以回来,希望那时可以呈教。昆虫记因系大部,一人不能担当,势必须与人合作,此事亦想进行,但一时恐难着手,平明有此盛意,容从长计划,未能即日决定也。希腊的神与英雄插画未佳,如用瓶画最好,但材料难得(最好大筑是德文的),

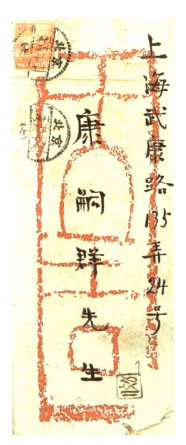

周作人致康嗣群信封

选择亦烦且难耳。废名每月见到三四次，昨闻其说平伯的严君已去世（已有三星期），年亦已有八十以上矣。草草即颂

　　近安　　　　　　　　　　　　退寿白　十月卅日　印：退寿老人（朱文）

　　信中提及的翻译希腊文学和自己更改笔名的缘由颇可注意。

　　周作人对希腊文学的喜爱终其一生。他晚年写回忆录，辟有"我的杂学"一节，解释"这是一种关于读书的回忆，把我平常所觉得有兴趣以及自以为有点懂的事物，简单的记录了下来"（周作人：《知堂回想录》，安徽教育出版社2008年版）。他例举的事物有神话学、文化人类学、儿童文学、浮世绘、性的心理、乡土研究与民艺等，共有十八种，其中第六种即"希腊神话"。他还特地强调："我所觉得喜欢也愿意译的，是古希腊和日本的有些作品。"可见希腊文学在他心目中的分量。早在民国初年，周作人就写有《希腊女诗人》一文，介绍萨波的生平和诗歌；1933年，他开始翻译希腊神话，并发表了很多评介希腊神话的文章。"落水"的周作人抗战胜利后被捕，1946年5月被押往南京送审，判刑十年，关押在老虎桥监狱，1949年1月被保释提前出狱。在狱中，周作人脱离了尘世的羁绊，得以有整段时间从事

陆和九刻"退寿老人"印　　陆和九刻"周退寿印"印

他所喜欢的翻译，而牵涉最多的还是希腊文学。英国作家劳斯的名作《希腊的神与英雄与人》发表于1934年，周作人于次年即写有介绍此书的书评，这次干脆将其译成中文，以了其多年的心愿。他在《知堂回想录》中对此有生动的描述："在忠舍大约住有一年的样子，起居虽然挤得很，却还能做一点工作，我把一个饼干洋铁罐做台，上面放一片板当做小桌子，翻译了一部英国劳斯（W. H. O. Rouse）所著的《希腊的神与英雄与人》。"周作人将这部译稿交给正在正中书局当主任的浙江五中旧学生蒋志澄，但由于书局后来的解散，书稿也因此下落不明。出狱后周作人回到北京，开始重译劳斯的这部著作。这次他译得很快：全书15万字，从1949年9月13日开译到10月27日脱稿，只用了45天时间，其中还包括10天休息。这当然主要是因第二次翻译驾轻就熟，笔不生涩；但还有周作人对这部书的真心喜爱："英美人所做的希腊神话故事书中这一册实是最好的……原著者是深悉神话与希腊两方面的人，故胜过一般的文学者也。"（《知堂回想录》）这次，他将译稿交给了康

周致康信1　　　　周致康信2　　　　周致康信3

嗣群处理。

　　周作人这样做绝非偶然，他和康嗣群有着多年的友谊，两人关系介于亦师亦友之间。康嗣群（1910-1969），陕西城固人。出身金融世家，为四川财阀康心如的儿子。他与当时许多青年一样，钟情新文学，1928年在上海时曾和鲁迅有过通信，并在《语丝》上发表《我们还是及时相爱吧》等诗作，其时他还是复旦大学的学生。后去北京，入读北大，并结识周作人等一批京派作家。查周作人日记，康嗣群1930年6月26日首次拜访周作人，当天日记云："下午康嗣群君来访。"（《周作人日记》（下册）第80页，大象出版社1996年版）从此以后，"苦雨斋"来访者中就多了这位文学青年，周作人经常与他聊天、通信并相赠己作，日记中相关记载还真不少。1932年，康嗣群南下上海，他和周作人还时常有通信往来，并互赠作品。1933年11月，康嗣群在施蛰存主编的《现代》第4卷第1期上发表《周作人先生》一文，这篇印象记式的散文堪称30年代评介周作人的佳作之一，其对"苦雨斋"的描写传神而充满诗意，令人向往。康嗣群没有辜负周作人的信任，经他介绍，译稿交到文化生活出版社，由巴金"亲予校勘"后改名《希腊的神与英雄》，于1950年11月正式出版，共印五次，合计10600册。该书署名"周遐寿"，这也是周作人这一笔名的首次使用。

　　在近代作家中，周作人绝对算得上是笔名繁多的一位，他自己也承认："我的别名实在也太多了，自从在书房的时候起，便种种的换花样，后来看见了还自惊讶，在那时有过这称号么？"（《知堂回想录》）其中，"寿遐"一名是大家所熟知的，源出《诗经·大雅·棫朴》"周王寿考，遐不作人"句，和本名"作人"同出一典。

 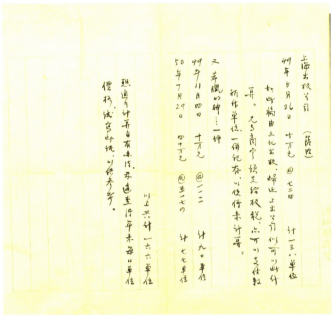

周致康信封背面　　　　　　　　周致康信附件

后来，周作人将"寿遐"易为"遐寿"，并一直为其所沿用。历来研究资料皆未详这一易名缘由，而周作人在写给康嗣群的这封信中正好述及此事："笔名前用寿遐，近由方纪生为托陆和九刻一印，乃误为遐寿。方君拟请其重刻，但觉得篆文很有意思，且改刻缺少兴趣，难得刻好，故宁改字以从之也。"其实，中国本有"龟鹤遐寿"的成语，源自晋·葛洪《抱朴子·对俗》中"知龟鹤之遐寿，故效其道引以增年"句，陆和九误刻很可能即因此；而周作人当时的处境也不容他太较真，故将错就错了之，成就了一则印坛轶事，亦为一有趣的文坛掌故。考周作人最早使用"寿遐"之名，在1948年8月《子曰》第3辑上发表《〈呐喊〉索隐》一文，其时，周作人尚在南京狱中，想来他就在此时托的方纪生为其设法刻印。检《知堂遗存》下册《周作人印谱》，其中收录陆和九所制印仅两枚，除周作人在信中言及的"遐寿老人"外，尚有"周遐寿印"一枚，当为同时所篆。为周作人制印的陆和九是很早成名的书画家，对金石碑帖的鉴赏审定造诣也很深，在圈内素有"墨老虎大王"之谓，现在故宫博物院、国家图书馆收藏的很多精拓碑帖都钤有"曾在陆和九处"等印记，著作有《中国金石学》正续编、《文字学》、《中国古器物学》等。晚年被聘为中央文史研究馆馆员。据传，陆和九的书画师法赵之谦，其篆刻却渊源家学，传至他已有七代，其制印静穆沉稳，尤擅竹印。他主要活动在北方地区，方纪生慕名托其制印当在情理之中。

周作人在此信中提到的"萨波事"又是怎么一回事呢？原来这也是他出狱后翻译的一部书稿，从动笔时间上来说还早于《希腊的神与英雄》的重译，是其出狱后在上海居住期间所译。1949年7月20日开笔,同月29日即已脱稿,只用了10天时间,系根据英国韦格耳所著《勒斯婆思的萨波,她的生活及其时代》一书编译。译本改名《希腊女诗人萨波》,亦委托康嗣群处理,康嗣群并代付了10万元(旧币)的预支稿费。此书本亦准备由文化生活出版社出版,后因故转给上海出版公司,在郑振铎支持下于1951年8月出版,印3000册,亦署笔名"周遐寿"。周作人在此书《序》中说:"介绍希腊女诗人萨波到中国来的心愿,我是怀得很久了……近来翻阅韦格耳书,摘译了其中六章,把萨波的生活大概都说及了,遗诗也十九收罗在内,聊以了我多年的心愿,可以算是一件愉快的事。"

  周作人给康嗣群写信的1950年,对其来说,正是人生又一转折点。出狱返京,周作人审时度势,放弃教书、著书等选项,明智地决定以译书来作为其今后生活的主要来源。一方面,翻译和政治牵涉较少,符合自己目前的尴尬处境;另一方面,翻译是自己喜欢做的事情,也正好藉此了却多年的心愿。至于"遐寿"笔名的被动更改,正是周作人此时似乎只能委屈自己,迁就对方心境的自然流露。"长寿"人人向往,周作人自不能免俗,但"寿则多辱"亦是他在彼时常常担心的事情,避让是非亦是他自知应该拿捏的分寸。一应情境,我们在此信中都能有所感悟。

陈寅恪首次留欧期间的一首佚诗

因为一个偶然机会，我有幸收藏了一批陈寅恪先生早年留学欧洲时的亲笔书信。众所周知，陈寅恪现存最早的一封信是1923年留德期间写给其妹谈买书治学之事的《与妹书》（载1923年8月《学衡》第20期，收录于《陈寅恪集·书信集》，生活·读书·新知三联书店2001年版），而我珍藏的这批书信皆写于1910—1912年陈寅恪第一次留欧期间，可说是迄今为止时间最早的一批陈寅恪书信，自然弥足珍贵。在其中的一封信中，陈寅恪抄录了自己的一首七律，未见收录于《陈寅恪集·诗集》（生活·读书·新知三联书店2001年版），兹先披露，谨以此表示对陈寅恪先生的敬意。

这封信以明信片寄发，收信者是陈介，而实际上信是陈寅恪写给三个人的，即陈寅恪信中所写的"慎、蔗、偶三公"。据笔者考证，"慎"指慎修，"蔗"指蔗青，"偶"指偶君，分别是俞大纯、陈介和李偲三人的字或号。俞、陈、李三人皆是陈寅恪当年留德期间的同学，也是来往最密切的朋友。陈寅恪是1909年秋经上海赴德留学的，而俞、陈、李三人则要早他一年，他们是1908年初夏携眷同乘一艘海轮赴德留学的（参见应时：《〈德诗汉译〉自序二》，载《德诗汉译》1939年版），皆就读于柏林大学。

陈介（1885—1951），湖南湘乡人，字蔗青，早年曾留学日本。在德期间攻读法政，通晓拉丁语和英、德、日、法等国语言。1912年归国，曾任工商部商业司长、全国水利局副总裁等职。1935年12月代理外交部常务次长，抗战爆发后，历任驻德国、巴西、墨西哥、阿根廷等国大使，1951年病逝于布宜诺斯艾利斯任上。李偲（1884—1965），湖南湘潭人，字文生，号偶君。早年两度留日，赴德后学习法学和哲学。1913年回国，任北大教授。1931年随孔祥熙出国考察实业，后历任国库司司长、财政部常务次长等职。1949年参加程潜领导的和平起义，后任湖北省参事室副主任，

1965年谢世。俞大纯和陈寅恪的关系要更为密切，俞、陈两家是三代世交（俞大纯的姑姑是陈寅恪的母亲，陈寅恪的妹妹嫁给了俞大纯的弟弟俞大维，俞大纯和俞大维又分别是陈寅恪留欧和留美时期的同学）。俞大纯，浙江绍兴人，字慎修。俞明震长子，俞大维兄，陈寅恪的表哥。解放后任教于北京大学至终。其子俞启威（黄敬），解放后曾任天津市市长。

俞、陈、李三人的家境都不错，当时他们和家人均住在柏林 Darmstädlessh 大街的公寓里，陈寅恪因此据街名的谐音戏称他们是"达摩街上的老爷、太太、少爷、小姐"（陈寅恪1911年10月7日致陈介信）。当时，陈寅恪亦就读于柏林大学，而且他早年也曾随兄陈师曾赴日留过学，彼此有相似的经历，共同的学业，加上和俞大纯的亲戚关系，因此，陈寅恪和俞、陈、李三人的关系相当密切，四位虽同住一城，同读一校，彼此之间仍时常信来函往，无所不谈。他们谈国内爆发的革命，谈媒界就此的报道，也谈旅游的观感、餐馆的优劣，甚至互相之间猜谜、调侃，自我放松。

陈寅恪就曾在中秋节前夕给俞、陈、李三位写信，请他们猜一个深奥的外国字谜，以此作为节日的消遣。他在信中调侃三位："诸公皆深通德、法之事之人，如不能解此字谜，罚胀肚酒一百杯。"（陈寅恪1911年10月5日致陈介信）当时在外学人皆爱作此等游戏，胡适曾在日记中解释原因："吾辈去国日久，国学疏废都尽，值慈佳节，偶一搜索枯肠，为销忧之计，未尝不稍胜于博弈无所用心者之为也。"（参见胡适1913年12月23日日记，载《胡适留学日记》（上），安徽教育出版社1999年版）陈寅恪学问深厚，在满是机锋的妙语中，幽默与学问冶于一炉，往

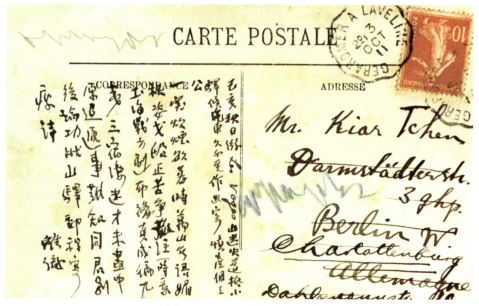

陈寅恪1911年9月26日致陈介明信片

往蕴涵着哲理和深意，此即所谓学问之"庄"，智慧之"谐"，驾轻就熟之工，绝非一般人所能学来。博雅之人，偶尔开玩笑也是那样的富于书卷气。

陈寅恪 1909 年秋赴德，考入柏林大学。1911 年转入瑞士苏黎世大学。这一年秋季，他利用转学之机有过一次跨国旅游。他先游法国，再经卢森堡入德境，溯莱茵河往瑞士，最后抵达苏黎世。本文披露的这首诗即陈寅恪在法国游览期间所作并寄给俞、陈、李三位的。诗写于 9 月 26 日，发信日期根据邮戳当是 10 月 3 日。全信如下：

己亥秋日游 Les Voges 山，迷失道，抵小驿，候汽车久不至，作此寄慎、蔗、侗三公：

一突炊烟欲暮时，万山无语媚秋姿。戈船正苦争菰注（时意、土海战方剧），布袜真成偏九夷。三宿凄迷才未尽，中原迢递事难知。同君别后论功状，山驿邮程寄瘦诗。

从明信片上的邮戳看，此信寄自 Gerardmer，即热拉梅，位于法国孚日省（Vosges），是著名的风景区和旅游胜地。陈寅恪诗序中所提到的 Les Voges，即孚日山脉，位于法国东北部。"己亥秋日"是中国传统的干支纪日，即 1911 年 9 月 26 日（农历八月五日）。诗中所注"时意、土海战方剧"，指 1911 年秋，意大利与土耳其之间为争夺的利波利的领土权而爆发的大规模海战。陈寅恪先生学问高深，对诗的内容笔者不敢妄加猜测，谨将全诗转录于此，供大家鉴赏，相信这对了解陈寅恪先生当年的心路历程将会有所裨益。

陈寅恪的那一声感慨

1909年陈寅恪从复旦公学毕业,这年秋天,他从上海乘船,踏上了赴德求学之途。到德国后,他于1910年考入柏林大学学习语言文学。陈寅恪天资聪颖,博学多才,有着惊人的记忆力,然而,他从不自命不凡,总是虚怀若谷,其刻苦好学一直在留学生中传为美谈。但是,陈寅恪又绝非躲进象牙塔中只顾读书的一介书生。他胸襟开阔,深谙古人所说"读万卷书,行万里路"的个中滋味,在留学期间常常游历山川湖泊,大自然的奇特瑰丽景观使他百感丛生,惊叹不已;他虽远隔重洋,却一直关心祖国盛衰、民族兴亡,思索着救国方略。在这次负笈留学的两年多里,他时常和俞大纯、李傥、陈介等留欧同学纵谈古今,横论中西,互相启发,切磋学问,也常常求学于博物馆,访书于众书肆,有时好友之间还互相猜猜字谜,开开玩笑,日子过得充实而有意义。

1911年春天,陈寅恪的脚气病顽症复发,需要转地疗养,于是到挪威游历了一次。北欧山川风光的鬼斧神工令他心旷神怡,他因此而诗兴大发,颇有题咏。这年入秋,他更干脆转入瑞士苏黎世大学学习,拙作《陈寅恪首次留欧期间的一首佚诗》中所引七律,即是陈寅恪从法国赴瑞士途中所作。那封信是1911年10月3日他寄给陈介的,仅隔两天,陈寅恪在行旅途中又有一信给陈介:

今夕中秋(片到之时),有一问题于左:

费烈得力大王致福禄德尔书:Venez à $\frac{6 \ P}{100 \ à}$,福禄德尔回信:ga(此是谐声)。是何意思?

陈寅恪1911年10月5日致陈介明信片

诸公皆深通德、法之事之人,如不能解此字谜,罚胀肚酒一百杯。
倜翁归自法国,别号巴黎通,必深通法文,尤宜猜中此字谜,但恐公等已知之耳!

——陈寅恪1911年10月5日致陈介

在行旅途中,陈寅恪犹有雅兴忙里偷闲和同窗好友猜谜助兴,笔者不才也不懂法文,无法领略此字谜的玄妙之处。陈寅恪此信在朋友圈曾广泛传阅,引发各种解读,却仍无法有一个能一锤定音的解释。然无论如何,百年之后能有幸观赏到此信,一个博学广闻且诙谐幽默的青年才俊形象活生生地跃然纸上。

此信发出后一天,即1911年10月6日,正是中国传统的农历中秋,陈寅恪身在异国,心却萦绕着万里之外的祖国,思乡之情油然而生,于是他次日又给诸位好友寄出一信:

中秋佳节,清兴如何?明晨即起程赴陆克逊堡国,入德境,溯莱茵往瑞士,俟到乌陆须后再奉闻。诸公当见中国报,不知近来有何新奇之事可以相告否?达摩街诸位太太、小姐、少爷均致意。俞李陈三公

——陈寅恪1911年10月7日致陈介

从信中我们分明能感受到陈寅恪那浓烈的恋乡情结。俞、李、陈三位皆是陈寅恪当年留德期间的同学,也是来往最密切的朋友。"俞"是俞大纯,陈寅恪的表兄;"李"

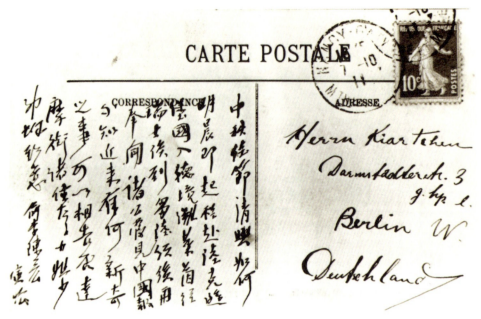

陈寅恪1911年10月7日致陈介明信片

是指李㑌,号偶君,也即陈寅恪前信中誉称为"巴黎通"的"偶翁";"陈"即陈介,时在柏林大学攻读法政。俞、李、陈三位当时和家人均住在柏林Darmstädlessh大街的公寓里,陈寅恪给同学写信,犹不忘向他们的夫人子女问好。在这封信中,陈寅恪披露了自己的行程路线,即"入德境,溯莱茵往瑞士"。信中的"陆克逊堡国"即今日之卢森堡,而"刍陆须"为"苏黎世"当时之音译。

此信发出次日,陈寅恪即进入德国境内。他中途下车,游山赏景,不禁生出满腹感慨,于是在给老友李㑌的信中一吐肺腑之言:

途中在Metz下车,久屈曲于法兰西龌龊之地,忽至此,精神为之一振。在威廉一世纪念碑下一望表里,山河历历在目,美丽雄壮兼而有之,胜于Strassburg之Orangerie固不待言,即柏林亦无此佳境也。法人至此,真有中国人到香港、台湾之感。公他日若有南欧之游,此地方不可不到,寅乃亦不意此地如此之妙,天下事难知,尽此类耳!到陆克逊后再告游踪。此片蕲与俞、陈二位一观。偶公

——陈寅恪1911年10月8日致李㑌

这里首先有必要对信中的几处地名略作释语。Metz,即梅斯,是法国洛林地区首府,位于洛林地区北部摩泽尔(Noselle)省境内。梅斯不但是非常重要的交通枢纽(公路、铁路和摩泽尔河通往德国的运河航道均在此交汇),而且有着极为悠久的历史,城内遍布古老的建筑和人文遗迹,装饰着瑰丽玻璃彩画的圣艾蒂安大教

陈寅恪 1911 年 10 月 8 日致李俶明信片

堂尤为著名。Strassburg，即斯特拉斯堡。它是法国下莱茵省省会和阿尔萨斯经济大区的首府，亦是具有战略地位的港口城市，阿尔萨斯地区的工业主要集中在此。1792 年，一位名叫鲁热的军人作曲家正是在斯特拉斯堡写下了著名的《莱茵河军歌》，此即今日响遍法兰西的法国国歌《马赛曲》。Orangerie，今译桔园，位于斯特拉斯堡的东北角，是这座城市中的一片绿洲，园内遍布各种植物和各色鲜花，景色十分秀丽，是阿尔萨斯地区著名的风景胜地。梅斯、斯特拉斯堡和桔园均位于法国东北部的阿尔萨斯和洛林地区，是法国领土。那么，为什么陈寅恪在信中会有"久屈曲于法兰西龌龊之地，忽至此，精神为之一振"之语呢？这里，陈寅恪的感受分明是：离开法国，进入德境，景色一新，精神大振。这其中原来隐藏着法兰西一段不堪的历史。19 世纪 60 年代末，法国的拿破仑三世为了摆脱国内外困境，企图向德国莱茵河地区扩张，而德国普鲁士王朝的"铁血首相"俾斯麦也正想霸占法国矿产资源丰富的阿尔萨斯和洛林两个地区，于是一场双方都经过策划的普法战争由此爆发，结果只用了一个多月的时间，普鲁士军队就在色当战役中给予法军以毁灭性的打击。1871 年 1 月 28 日，法国向普鲁士屈膝求和，将阿尔萨斯和洛林两地区割让给普鲁士，并赔款 50 亿法郎（第二次世界大战中德国战败，始将两地归还给法国）。我们所熟知的都德名篇《最后一课》描写的就是这一事件。1911 年，陈寅恪经过梅斯时，阿尔萨斯—洛林地区划归德国已整整 40 年，梅斯的大地上屈辱地矗立着德意志帝国皇帝威廉一世的塑像。正是在此人统治下，德意志近千年的统一梦想终于得以实现，同时还从法国人手中掠得了阿尔萨斯和洛林。陈寅恪当年踏上梅斯的土

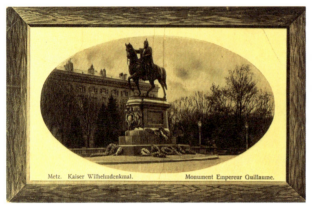

陈寅恪1911年10月8日致李傥明信片之反面图案

地，虽然瑰丽的景色令他"精神为之一振"，但法国的这段屈辱历史也油然浮现在他的脑海，并因此而联想到同样因战败而被割让的祖国神圣领土：香港和台湾，故发出深深感慨："法人至此，真有中国人到香港、台湾之感。"这种强烈的民族感情，始终贯穿在他留学海外的十几年生活之中，并成为日后他的爱国主义思想感情的一个重要支点。

最后，有必要对此信的收信人李傥略叙数语。李傥（1884—1965），字文生，号偶君。早年曾留学日本，1908年赴德、法学习哲学和法学。1913年归国任北大教授。后从政，历任国民政府国库司司长、财政部常务次长等职。1949年参加程潜领导的和平起义。李傥任职北大时和杨昌济同事，杨病重期间，他曾和章士钊等人集资予以救助。1920年1月17日，杨昌济病逝京华，北大同事和其亲友2人联名发出集资启事，"俾其遗孤子女略有所依恃"（刊《北京大学日刊》，1920年1月22日）。在这则启事上列名的有蔡元培、章士钊、毛泽东等人，李傥也是其中之一，并且他在北京的家：宣外贾家胡同达子营16号，还是接受各方赠赠的地方。1950年春，作为前政府要员的李傥年已66岁，他与老妻无儿无女，孤苦伶仃，又无工作，生活发生困难。无奈他只能找当年的留德同学章士钊求助。章叫他写了一份自传，并附上自己的亲笔信转送毛泽东。日理万机的毛泽东很快就在李傥的自传第一页上批道："请周酌办。章士钊只荐此一人，似宜用之。"然后，他又补充写道："李自谓已六十六岁，有妻室之累，无儿可依，觉悟前非，力图晚益，精力尚能做事，希望给予一工作。"（《建国以来毛泽东文稿》，中央文献出版社1987年版）当年精通多国外语，叱咤学苑、政坛的一代才俊，竟然沦落到无儿可依，卑声求助的境地，读来不禁令人欷歔不已；而毛泽东在援笔批写时，眼前未知是否浮现出30年前岳父病逝北京时的一幕幕场景。周恩来接到毛泽东转来的批语后，马上给李傥在湖北省参事室安排了一个职位，解决了他的燃眉之急。

蔡元培留德生涯之一瞥

近从朋友处借到一部《蔡元培书信集》。此书由高平叔、王世儒编注,浙江教育出版社 2000 年出版,分上、下两集,收录蔡元培先生致他人的信函与电文共 1671 件,起自 1894 年,终于 1940 年,通信对象几乎涉及近现代中国军、政、财、文各界要人。粗粗浏览一过,深感此书份量之重,它不但是研究蔡元培先生生平思想的第一手资料,也是认识中国近现代社会不可缺少的珍贵文献。因此想到自己手头也藏有几封蔡先生的手札,而且是其 20 世纪初首次留德期间所写,既忠实记录了他留学生涯的片段,又为《蔡元培书信集》所未收,想为爱慕蔡先生道德文章者所关注,故不敢私密独享,谨在此披露之。

蔡元培像

蔡元培一生曾多次赴国外留学、考察,然 1907 年的留学德国,则是他生平第一次踏上欧洲大陆。他在《为自费游学德国请学部给予咨文呈》中称:"窃职素有志教育之学……德国就学儿童之数……欧美各国,无能媲者。爰有游学德国之志,曾在胶州、上海等处,预习德语。……职现拟自措资费,前往德国,专修文科之学,并研究教育原理,及彼国现行教育之状况。至少以五年为期,冀归国以后,或能效壤流之助于教育界。"(转引自高平叔:《蔡元培年谱长编》第 1 卷,人民教育出版社 1998 年版)由此可见,蔡元培的此次自费留德,是作了充分准备并有明确目标的。这一年的初夏,已年近不惑的蔡元培随清政府驻德公使孙宝琦赴德,开始了他半工半读的留学生涯。这段经历十分艰苦,因为不是公费留学,蔡元培必须自措经费以

蔡元培1908年12月14日致陈介明信片

维持不菲的学习和生活费用。他在驻德使馆中兼职，每月可获银30两；他还担任当时在德学习的唐绍仪侄子唐宝书、唐宝潮兄弟等四人的家庭教师，为他们讲授国学，每月可得酬100马克；而他当时为商务印书馆编译教科书及学术专著所得到的每月100元收入，则全部用来维持国内妻子儿女的生活。蔡元培在德国的学习生活就是这样紧张而忙碌，难得有片刻的空闲。

蔡元培初到德国时住在柏林，主要补习德语，为考柏林大学做准备。后因柏林大学的入学手续严谨烦琐，蔡元培感到多有不便，遂于1908年8月改往来比锡（莱比锡）就读于来比锡大学。关于这段经历，蔡元培曾自述："我在柏林一年，每日若干时学习德语，若干时教国学，若干时为商务编书，若干时应酬同学，实苦应接不暇。德语进步甚缓，若长此因循，一无所得而归国，岂不可惜！适同学齐君宗颐持使馆介绍函向柏林大学报名，该大学非送验中学毕业证不可，遂改往来比锡（Leipzig）进大学。"（《自写年谱》）我收藏的蔡元培信函皆以明信片形式写于他留学来比锡期间，先抄录两片于下：

1908年12月14日致陈介

（从来比锡发往柏林）

前在柏林奉教，甚快；别后又承赐精丽之片，尤感。承示拟于年假偕夏君来此，甚所欢迎，惟弟等拟游Dresden（山水秀丽，音乐尤著名），如公来此后能偕往则大好矣（并请转致夏公）。

蔗青先生惠鉴

弟 培 顿首

1909年7月24日致陈介

（从来比锡发往柏林）

惠片谢谢。夏君已到此盘桓，颇乐；惜贝君既匆匆返英而公及胡君竟未来游也。闻公得家庭之乐以助长学问之兴会，良可艳羡。

蔗青先生

弟 培 顿首

    蔡元培的这两封信都是写给陈介的。陈介（1885—1951），字蔗青，湖南湘乡人。早年留日，1907年留德，在柏林大学攻读法政。1912年归国后任工商部商务司长及外交部常务次长等职，1938年起历任国民政府驻德国、巴西、墨西哥、阿根廷等国大使，1951年病逝。信中夏君指夏元瑮（字浮筠，夏曾佑之子），当时亦就读于柏林大学，后获理学博士学位。他和蔡元培的关系较为密切，"夏君每日于大学课程听完后，常到我寓，同往旅馆晚餐，或觅别种消遣"（蔡元培：《子民自述》）。1921年春，他曾和蔡元培同赴柏林，邀请爱因斯坦来华讲学，次年译出《相对论浅释》（商务印书馆1922年版）。在德国诸城市中，来比锡风景平常，而邻近的特来斯顿（Dresden，今译德累斯顿）则以山水风光秀丽而著称。蔡元培在《自写年谱》中曾自述："我在来比锡三年，暑假中常出去旅行。德国境内，曾到特来斯顿。"1908年底，蔡元培写信给陈介，约学友们在假期同游特来斯顿。次年夏，应约前行的除了夏元瑮，还有一位"贝君"，此即中国最早到西方学习建筑的贝寿同。贝家与建筑极有缘份，当今世界建筑大师贝聿铭即贝寿同的侄孙。贝寿同当时也在德国留学，毕业于夏洛顿盘工科大学，回国后执教于苏南工专及南京中

蔡元培1909年4月4日致陈介明信片

蔡元培1909年7月24日致陈介明信片

央大学,并在两校创办建筑系,是我国建筑界的前辈。和陈介一样未曾前往的"胡君"是胡仁源。他早年留日,后转学英国,毕业于待尔模大学。回国后曾在蔡元培之后出任北京大学校长,译有《投影几何》《圣女贞德》等。

蔡元培信中"闻公得家庭之乐以助长学问之兴会,良可艳羡"一句,颇可玩味。清末民初,在倡言平等、自由的同时,一些开明人士中开始出现夫妻平等的新风。1900年,蔡元培元配夫人王昭去世后,许多人来为他说媒,他主动向媒人提出男女婚姻绝对平等的五个条件:(1)女子须天足;(2)女子须识字;(3)男方不娶妾;(4)男死后女可再嫁;(5)男女双方意见不合可以离婚。当时,这种"离经叛道""混淆纲常"的言论无异于在向封建陋俗开战。后经人介绍,蔡元培与黄世振(仲玉)女士结为夫妻。此女不但天足、识字,而且工书画,孝于亲。在婚礼上,蔡元培回答他人提问时称:男女之间,"就人格言,总是平等",充分反映了他尊重妇女人格,提倡夫妻平等的思想。1921年,夫人黄世振不幸病逝,出于家庭、工作的需要,蔡元培不得不续娶。这一次,他提出的条件是:(1)原有相当认识;(2)年龄略大;(3)熟谙英文而能为研究助手者。这样,周峻(养浩)成了他的第三位夫人。可见,在婚姻问题上,蔡元培始终坚持破除旧俗,树立新风,不愧为欲教人先正己的高尚人物!话题回到信上。当时陈介的妻子儿女同在德国,得享天伦之乐,其妻陈淑能文善书,在生活、学习上都堪称陈介的得力助手,故独自一人身在德国的蔡元培会触景生情,由衷发出"良可艳羡"的感慨。

蔡元培笔下所言"旅游",并非仅仅只是一般人所谓的游山玩水,而是有其特定内涵的。1935年1月16日,《旅行杂志》主编赵君豪采访蔡元培,问到他当年在欧洲旅游的感想,蔡元培答道:"总括的说,我向来旅行,很注意三点:第一,是看一种不同的自然美;第二,研究古代的建筑;第三,是注意博物馆的美术品。"(赵君豪:《蔡孑民先生访问记》,载《旅行杂志》1935年第9卷第2期)下面这张明信片,为蔡元培的言论作了很好的注解。

1909年4月4日致陈介

(从来比锡发往柏林)

此窟室为利俾瑟巴家之最古者,其名已见goethe所著《Faust》曲中。壁画皆十五世纪人手笔,此片摹其二方。

蔗青先生鉴

弟 培 拜白

公迩日作何消遣?弟于假期中读书以外时时观剧聆音耳。有时张、齐两同学高兴,作中国馔,则弟亦乃尝其一脔。

蔡元培在来比锡大学时有一门选修课是美学,这是他很感兴趣的课程,他也因此对周围有关美育的事物非常注意,经常到博物馆、美术馆去看各种展览,上述信就是一个例证。蔡元培信中提到的"goethe 所著《Faust》",即歌德所著悲剧《浮士德》。歌德(1749—1832)是德国最伟大的作家之一,《浮士德》的创作一直延续了六十年之久,是其付出毕生精力的巨著。这部作品概括了自文艺复兴到 19 世纪初期欧洲近三百年的历史,反映了资产阶级上升时期知识分子探索真理的过程,深刻描绘了他们的精神世界和内心生活。蔡元培很喜欢这部作品,他不但购买原著阅读,观看原剧演出,还选修了"歌德之戏剧""歌德《浮士德》注解"等课程,甚至去体验作品中描绘的生活,如他在《自写年谱》中写道:"德国最大文学家哥德氏(Goethe)曾在来比锡大学肄业,于其最著名剧本《弗斯脱》中,描写大学生生活,即在来比锡的奥爱摆赫酒肆中(Auerbach)。此酒肆为一地底室,有弗斯脱博士骑啤酒的壁画,我与诸同学亦常小饮于该肆。"正因为蔡元培对《浮士德》如此喜爱,故在博物馆看到有关于作品的壁画明信片销售时,立即购买,并寄给朋友一起共享。值得一提的是,蔡元培寄出的此片是用彩

陈介像

色石印的方法印制的,于今已非常少见,已可归入珍品一类。蔡元培信中所提"张、齐两同学"皆是他的好友。齐即齐寿山(字宗颐),乃齐如山之弟。他 1907 年初夏和蔡元培同乘一轮赴德,次年又一同入来比锡大学,交谊非同一般。齐寿山回国后曾任教育部佥事、国民政府大学院秘书,1965 年逝世。张为张谨(字仲苏),是来比锡最早的中国留学生之一,他和齐寿山在留德期间对蔡元培多有照应,这从此片中也可略见一斑(蔡元培寥寥数语,留学生简陋而又有情趣的生活跃然纸上)。张谨归国后长期在教育部工作,曾任上海国立同济大学校长、河北大学校长等职。

自古文人雅士之间,所谈除了生活琐事,文字往还也常有学问政见在其中,他日研究历史,从这些资料中往往会有意想不到的收获。蔡元培先生的这几封信,虽文字不长,但片言只语中也有论学议事、记叙游历的墨迹在,涉及他首次留德生涯中的一些真实片段,值得我们关注。

胡适关于辛亥革命的一封佚信

这几年胡适研究颇热,各种新的史料时有披露,安徽教育出版社推出的《胡适全集》,其中仅书信部分就收集了 2400 多封,占了皇皇四大卷。有人统计,胡适从 20 世纪初留美至 1962 年他猝然病逝的 50 年间,平均每天要写一两封信,其总数应该数以万计。遗憾的是,其中很多均在历史的尘烟中散失了,目前公开出版的仅占其全部书信的很小一部分,更多的胡适书信尚有待打捞。据云,在此次新出版的《胡适全集》中,大家公认最有价值的正是他的书信部分,能补正史之不足。笔者有缘也收藏有一封胡适早期书信,且时逢辛亥,局势动乱,胡适此信正与时局有关,颇有意义,愿与方家一起分享。

笔者收藏的这枚胡适 1911 年 11 月 6 日写给马君武的明信片,内容很有意思,而得来颇为意外。1999 年冬,我在香港办展,闲来逛市,偶在中环一家临街的书肆中巧遇此片,店主只以一次大战期间普通实寄明信片的价格索值,令人喜出望外。归来兴奋至极,将此视为此次香港之行的最大收获。此信未为《胡适全集》所收录,谨在此披露之。全信如下:

君武足下:祖国之乱已不可收拾矣。此邦舆论多右民党,以此邦本自由之邦,故尔尔也。欧洲各国舆论如何?兄现尚游历否?久不得书,想甚忙碌。弟今年亦甚忙,日来以故国多事,心绪之乱不可言状,如何!如何!草草奉白,即祝无恙。

弟 适 顿首

(邮戳:1911 年 11 月 6 日发自 Ithaca)

胡适和马君武早就相识。1906 年,胡适考入中国公学,当时该校的教员中有不

胡适1911年11月6日致马君武明信片

少是有名的革命党人,老同盟会会员马君武即其中之一。他十分赏识胡适的才学,两人的忘年之交即始于其时。1907年,马君武为躲避清政府的搜捕而赴德留学于柏林工艺大学,学的是冶金专业。三年后胡适也赴美留学,于1910年9月至纽约州的绮色佳(Ithaca,今译作依萨卡),入康奈尔大学农学院。同在海外的一对老朋友,虽远隔千里,仍经常通信,互通信息,倾诉心声,这在胡适留美日记中可以找到多处记载。如1911年9月7日辛亥革命爆发前,胡适还收到马君武的来信,得知中国公学时旧友杨笃生在英国为国忧愤而投海自杀的噩耗,为之嗟叹不已。马君武也很看重自己与胡适的交往和友谊,1911年,他专门写了一首五律书赠胡适:"已与斯人约,今生为弟兄。思君隔沧海,学技在红尘。主义即宗教,艰难证性情。相期作琨逖,舞剑趁鸡鸣。"(《赠胡适辛亥》,载《马君武先生纪念册》,1940年)从诗中看,两人之间的感情很深,到了可以相互倾诉政治理想的地步。笔者根据种种迹象猜测,马君武在9月初寄出给胡适的信之后不久就离德回国了,故胡适11月6日寄给他的这枚明信片他并未收到(这也是此片以后流散在外的原因)。马君武曾自述:"辛亥冬间归国,值武汉革命军兴,随诸君子之后,东西奔驰。"(《〈君武诗稿〉自序》,载《马君武诗稿》,文明书局

胡适1911年11月6日致马君武明信片之反面图案

1914年版）而国民政府司法院院长居正也在马君武病逝后回忆："辛亥武汉首义，先生代表广西，率先赴会，于武汉与各省代表起草临时政府组织大纲。"（《国立广西大学校长马君武先生碑铭》，载《马君武先生纪念册》，1940年版）这些都表明，辛亥革命爆发后不久，马君武就已经身在国内了。有资料显示，马君武出席了1911年11月30日在武汉举行的各省都督府代表联合会，且具体参与了临时政府的筹建工作。1912年1月，马君武被孙中山任命为南京临时政府实业部次长。

　　有人可能会有疑问，当时名叫君武的并不止一人，明信片上的君武难道一定是马君武吗？笔者认为这无可怀疑。马君武原名道凝，号厚山，1901年留日后更名马和，这个名字同时也成了他的外文名字，也即Mahoe。他在上海商业储蓄银行开的存款户头上户名即为Mahoe（参见马君武1932年12月14日致舒新城信，载《中华书局收藏现代名人书信手迹》，中华书局1992年版）。胡适的这枚明信片，收信人的名字写的正是Mahoe，而名字前面的称呼Dip Eng是英语Diploma Engineer（注册工程师）的简称，这也符合马君武的身份。

　　收信人是马君武无疑，那么，写信人是否一定即胡适呢？答案也应该是肯定的。首先，此信寄自Ithaca（绮色佳），这正是胡适当时读书的康奈尔大学所在地。其次，1911年10月10日辛亥革命爆发后，美国报纸同步作了大量报道，而胡适当时广泛涉猎各报，必看的有《纽约时报》《纽约论坛报》《纽约晚报》等。从10月12日起，他在日记中几乎天天记载有关于国内革命的报道，并记下了"美国报纸均袒新政府"的感想（见其10月14日日记，载《胡适留学日记》，安徽教育出版社1999年版），这和他在给马君武信中的表述是完全一致的。最后，从现存胡适1911年前后的一些书信来看，其笔迹和此枚明信片上的字完全一致；且其当时喜用"足下""无恙""祖国"等词汇，两者也可互相印证（参见《胡适家书手迹》，东方出版社1997年版）。

　　胡适留美期间，同大多数留学生一样以强烈的爱国激情时刻关注着国内政局。辛亥革命的爆发，使中国成为亚洲的第一个共和国，从而更激起胡适对祖国命运的关注。从总体上言，胡适对国内的革命是支持的，当时美国有人诋毁中国的革命，胡适曾予以驳斥，并投书《纽约时报》进行反击。他还对袁世凯的复辟行为有着清醒的认识，在日记中曾一再予以批驳。但同时，胡适信奉的乃是植根于自由主义的政治思想而派生的改良主义政治观，因而对激进的革命道路并不以为然。这也是他在此信中坦言自己"心绪之乱不可言状"的缘由。当时很多海外留学生都有这种类似的矛盾心态，如果是拿官费的，还涉及个人的切身利益，恐更有彷徨不知所措之感。在现存的胡适日记中，1911年11月及以后数月的日记均因遗失而付阙如，这封新发现的胡适致马君武的信，为我们了解胡适当时的真实思想提供了宝贵的第一手资料，值得珍视。报刊上发表的文章，一般对事对人往往均已经取舍、文饰，相比之下，书信、日记之类常常更能传达作者真实的内心，在作者未出大名之前尤其如此！

陈箓其人其事

前几年，某收藏家从一位邮商那里购买到一枚明信片，是1907年从瑞士寄往清朝驻荷兰公使馆的，收信人名叫陈任先。收藏家通过互联网进行查询，仍无法知道此人的身世，故在报上刊文，发出"陈任先究竟是何人"的疑问。其实在诸多中型以上的近代史辞典中大都载有"陈任先"的条目，对其生平有简略介绍，不过词条用的是他的本名"陈箓"，而非其字"任先"。

陈箓（1877—1939），福建侯官（今属福州）人，字任先，号止室，出生于1878年。他早年就读于福建船政学堂。该校由左宗棠创办，是近代中国最早的新式海军学校，从该校走出国门，往海外求学的学生不计其

陈箓像

数，最有名的当数首届毕业生严复。陈箓受到影响，也走上了这一条道路。1904年他前往法国，在巴黎大学攻读法律，1907年获得法学博士学位，回国后赏法科进士，授编修，并担任清政府修订法律馆纂修、法部主事、外务部郎中等职。以此为起点，陈箓毕生都在外交和法律这两个领域内任职，最高曾做到过北洋政府的外务部次长和代理外长。抗战期间，他公开投敌，出任汪伪政权的外交部长，官职是升高了，但下场却极不堪，1939年被国民党军统刺杀于上海的寓所内。

陈箓一生有几件事值得一提。1915年，他在驻墨西哥公使任上转任中、俄、蒙恰克图会议中方全权代表，并兼蒙古都护使驻库伦办事大员，他也因此成为当时中国处理蒙古事务的最高长官之一。陈箓为此在蒙古问题上颇下了一番功夫，有《蒙事随笔》《蒙古逸史》等著译出版。笔者曾在某旧书店看到过一批陈箓藏书，皆是

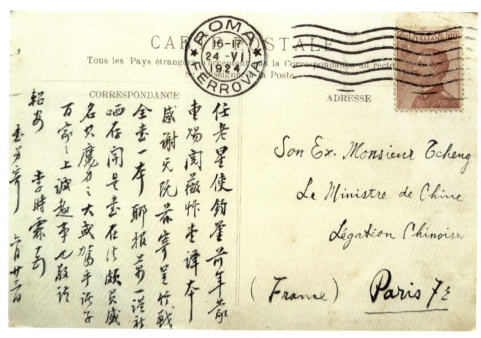

李时霖致陈箓的信

国外18、19世纪出版的有关鞑靼问题的著作，上面均有陈箓的亲笔批注，应是他当年攻读的旧藏。陈箓还在1917年8月由商务印书馆出版了《止室笔记》一书，其中详细记述了中、俄、蒙恰克图会议的原委，并附录了其撰写的《恰克图议约日记》一卷、《奉使库伦日记》三卷。陈箓的这些著译现已成为研究蒙古问题的原始文献。1920年9月，陈箓奉命再度赴法，出任中国政府驻法国全权公使一职。他在这个位置上做了整整8年，直到1928年7月才卸任回国，是晚清和民国期间历任驻法使节中任职时间最长的。在这8年中，陈箓凭借其曾经留法的有利条件，长袖善舞，多方经营，和法国的诸多方面关系处得不错；他还著有《法语陟遐》《欧美留学相谱》等书，因此人称"法国通"。法国是世界重要国家，也是欧洲的政治文化中心之一，留学巴黎和来往法国的中国人很多，陈箓作为当时中国驻法的最高长官，不可避免会和他们发生诸多关系，并尽其外交官的责任。从现存的一些记载和相关信件来看，陈箓在这个岗位上还是做了一些事，对一些留学生和过境

沈宗濂致陈箓的信

的官员也都有所帮助。在法期间，陈箓还多次代表中国出席重要的国际会议，如1923年他出任国际联盟会议的中国代表，1928年他出任国际劳工会议的中国代表。这些经历让陈箓在当时的外交界赢得了不错的声誉，也成为他引以自傲的资历。

我曾在冷摊上遇见一束散乱的旧明信片，摊主全然不知收信人"任先"究为何人，对杂乱无章的众多寄信人就更是一片茫然了，因而开价尚属公道，成全了我这个"老片迷"。这些信件的写信者大都是因为在逗留法国期间受到照拂而致信感谢的，这些人中既有陈箓的亲戚朋友，也有当时的政府官员，如王廷璋、王曾思、李时霖等，更有不少普通的学生、商人。如其中有一位叫林崧的，当时正在法国学医，日后学成归国，成为最著名的妇产科专家，与林巧稚并

王廷璋致陈箓的信

称为"中国二林"；他还是中国最有成就的集邮家之一，去年中国嘉德拍卖他遗留的藏品，因其权威性而获全部成交，拍卖师因而戴上了在拍卖界令人羡慕的白手套。再如魏道明，名气就更大了。此人出生于1901年，也毕业于巴黎大学，且和陈箓一样也是法学博士，可以说是同校同科的校友，陈箓是长他一辈的学长。写信之时的魏道明，正值踌躇满志，准备回国展翅高飞之际。魏道明1926年回到中国，先

魏道明致陈箓的信

是干本行执律师之业，过门之后很快就走上仕途，且一路顺风，先后担任国民政府司法行政部部长、南京特别市市长等职。抗战期间，他出任驻法大使，1942年又接替胡适出任驻美大使，而国民政府驻法大使一职正是陈箓20年前的职位，也是冥冥中两人的因缘了。抗战胜利后，他出任台湾省政府首任主席，可谓权倾一方。魏道明之所以为后人所津津乐道，还因为他的夫人郑毓秀是民国第一位女

律师。郑毓秀也是巴黎大学法学博士，虽然只比魏道明早一年毕业，年龄却比他大十岁，名符其实是他的学姐。回国后郑毓秀担任过上海审判厅厅长、江苏检察厅厅长、教育部次长等职。郑毓秀长袖善舞，和很多高层都有来往，尤其和宋美龄关系密切，1943年宋美龄访美期间，能言善道的郑毓秀作为大使夫人陪伴其左右，深得宋美龄赞赏，且得到罗斯福夫人和杜鲁门夫人的称赞。不过成也萧何败也萧何，30年代魏道明担任南京特别市市长期间，郑毓秀就因"贪婪不发"而遭到"弹劾"；40年代魏道明担任台湾省主席一职时，郑毓秀又以"主席夫人"之威而上下其手，大肆活动，并自己组织公司，垄断台湾的木材生意，以致民间传言："某夫人将葬送整个台湾！"魏道明在台湾只干了一年多，接任他的是蒋介石的亲信陈诚。50年代后，魏郑两人移居美国，从此淡出政坛。此是插话，一笔带过。

陈箓1928年从驻法公使任上卸职回国后，似乎并未被委以重任，其主要从事的是私人律师的职业，只短期担任过国民政府的外交部顾问和外交部谈判委员会副主席等虚职。这段不得志的经历未知是否对他以后投敌产生影响。抗战爆发后，陈箓留在了上海，并很快同意出任梁鸿志维新政府外交部部长一职，同时，他的儿子陈友涛也担任了伪外交部的总务司司长，父子俩一起跳进了罪恶深渊。由于陈箓以前的显赫经历，他的投敌被认为是日伪方面的重大胜利，也促使重庆方面下决心除掉他。1939年2月19日，戴笠手下的军统杀手在上海愚园路668弄25号陈箓的公馆内将其成功击毙。这一事件在当时的不同阵营内部产生了很大反响，美国著名学者魏斐德在其力作专门辟有一章，详细叙述了陈箓暗杀案的经过，并对其产生的影响有这样的论述："陈箓暗杀事件的成功是戴笠的军统局的一个胜利。在此期间，恐怕没有其他行刺能使通敌分子更加牙齿打颤了。然而，这次事件更激化了西方列强与日本在公共租界控制权问题上的冲突，导致双方都采取了几个重大行动，最终酿成'珍珠港事件'。"（[美]魏斐德：《上海歹土——战时恐怖活动与城市犯罪（1937—1941）》，芮传明译，上海古籍出版社2003年版）

鲁迅书信的解惑
——石凌鹤题《电影·戏剧》

《电影·戏剧》封面

1988年的7、8月间,我曾冒着暑热几次到凌鹤先生家,请教有关20世纪30年代上海影剧界活动的情况,并带去几本先生当年主编的影剧刊物,请先生题跋,《电影·戏剧》是其中一种。凌鹤先生在刊物上写了这样一段题跋:

时在一九八八年,能有幸看到三十年代自己经手编辑的刊物,不免感慨系之。这是中华画报社负责创办的,客观上是左翼刊物,国民党当局决不允许畅行,所以只作为不受审查的试刊三期而已。

凌鹤 一九八八年八月五日瘴手书(盖章)

《电影·戏剧》创刊于1936年10月,由凌鹤主编,至12月共出三期终刊。诚如凌鹤先生在题跋中所言,该刊是由中华画报社(全称应是新中华图书公司)负责创办的,刊物发行人胡伯洲即该公司要员之一。当时凌鹤和新中华图书公司的关系比较融洽,胡伯洲主编的《中华图画杂志》邀请凌鹤担任特约撰稿人,凌鹤所撰《世界电影明星评传》和《世界电影导演各论》两书中的主要部分即连载于该刊上,在当时曾引起很大反响。

《电影·戏剧》虽由新中华图书公司创办,但编辑大权却掌握在主编手中。凌鹤在刊物的《献词》中表示:在中华民族到了生死存亡的关头,"电影戏剧的和平

凌鹤 1988 年 8 月 7 日为《电影·戏剧》杂志写的题跋

的园地,应该变为争取民族自由解放的战场,因为我们相信艺术是时代的表现,而我们也该作为时代的歌手"。刊物的撰稿人有夏衍、田汉、于伶、洪深、尘无、柯灵、蔡楚生、史东山、沈西苓、孙师毅、张庚、吕骥、欧阳予倩等,几乎荟萃了当时上海所有的左翼影剧界中人,使该刊实际上成为中国共产党领导之下的一个电影戏剧阵地,这也是当时国民党政府要查禁它的一个主要原因。《电影·戏剧》虽只出了三期即被迫终刊,但实际上它以后又复活过一次,这就是 1937 年 3 月创刊,也由凌鹤主编的《舞台银幕》。对此,凌鹤在该刊《编后记》中含蓄地点明过,他说:"自《电影·戏剧》不幸停刊后,谁都为它惋惜,因为它到底是唯一的电影戏剧艺术研究的刊物。从各方面的批评和读者的来信中,可以证明它虽仅三期的寿命,总算尽可能地应着读者的要求,尽了时代的任务。然而它到底死了!无论如何,在戏剧运动的发展中,在电影杂志芜杂的情形之下,谁都希望再有和《电影·戏剧》相似的刊物来推动这电影戏剧的进展,因此,我们凭着微薄的力量,把这刊物——《舞台银幕》适应时代的要求而产生出来了。"从刊名到内容,都无可怀疑地证明《舞台银幕》确是《电影·戏剧》的忠实继承者,虽然它仅出了一期。在拜访凌鹤先生的时候,他也证实了这一点。这充分说明了当时革命者韧性的战斗精神。因为《舞台银幕》鲜见于各大图书馆的收藏目录,故笔者在此略作一些说明。

《电影·戏剧》第二期的出版日期是 1936 年 11 月 10 日,当时正逢鲁迅先生逝世,主编凌鹤临时决定抽出原来准备刊出的有关"国防电影"方面的内容,改出"悼鲁迅先生特辑"。特辑刊出尘无、陈白尘、姚莘农、欧阳予倩等人的纪念文章,最引人瞩目的是发表了韦彧（夏衍）和若英的两篇同名文章：《鲁迅与电影》。这两篇文章第一次比较全面地论述了鲁迅在电影方面的贡献，至今仍具有文献价值。值得注意的是，在署名"若英"的文章前，刊有鲁迅书信手迹一封，这是鲁迅1936年7月19日写给明星影片公司导演沈西苓的。原信全文如下：

西苓先生：

　　惠示谨悉，我今年接连生病，自己能起坐写字，还是最近的事。

　　左联初成立时，洪深先生曾谓要将《阿Q正传》编为电影，但事隔多年，约束当然不算数了。我现在的意思，以为××××××乃是天下第一等蠢物，一经他们××，作品一定遭殃，还不如远而避之的好。况且《阿Q正传》的本意，我留心各种评论，觉得能了解者不多，搬上银幕以后，大约也未免隔膜，供人一笑，颇亦无聊，不如不作也。

　　专此即复，即请

　　暑安。

鲁迅
七月十九日

　　很明显，沈西苓在写给鲁迅的信中，提到了有关《阿Q正传》改编的事情，于是鲁迅先生回复了此信。在这封信中，有两处地方被编者作了处理，共删去八个字。由于沈西苓早在1940年就不幸病逝，鲁迅的原信也随之不知下落，《电影·戏剧》刊出的原信手迹就成了唯一信物，1982年版的《鲁迅全集》在收录鲁迅的这封信时，依据的就是《电影·戏剧》上的鲁迅手迹，因此也缺了八个字。笔者注意到了这个情况，因此在采访时特地就此向凌鹤先生请教。凌鹤先生沉思了一会儿，对笔者说："现在我可能是关于这封信的唯一知情者了。"接着他谈了自己经手此事的前前后后。1936年10月，凌鹤在编"悼鲁迅先生特辑"时，为丰富内容起见，特向沈西苓商借鲁迅复信，准备制版刊出。但他阅信后发现鲁迅在信中对田汉等人表示了非常不满的情绪。考虑到左翼作家内部的团结，凌鹤用纸贴没了信上的有关字眼，于是在制版刊出时就出现了两段空白，据说许广平对此还曾表示过不满。至于白纸贴没的是哪些具体的文字，凌鹤先生表示，由于年代久远，已记不清了。为慎重起见，凌鹤先生应笔者之请，在上图馆藏的《电影·戏剧》上又亲笔写下了这样一段题跋：

　　鲁迅在此信中，对田汉颇有责难言辞，我认为不便，故以白纸贴没，剩以空白示意，应予说明。

　　又，若英是我的化名，一并声明。

凌鹤　一九八八年八月十七日（盖章）

笔者认为，凌鹤先生的说明，为我们解决了鲁迅研究中的一个疑点。当时尽管《阿Q正传》已有陈梦韶的戏剧改编本，但有意再次改编的还大有人在，除沈西苓、许幸之等人外，田汉也是其中之一。虽然田汉的五幕话剧《阿Q正传》迟至1937年5月才发表，但他的实际改编工作早在几年前就开始了。很可能沈西苓在给鲁迅的信中谈到了田汉改编之事，鲁迅遂立刻复信对此表示了反感。鲁迅对田汉的不满由来已久，这一点夏衍在其晚年回忆录《懒寻旧梦录》中有明确的说明。再加上1935年田汉被捕后被国民党政府软禁在南京，当时的官方报纸就此造了不少谣，鲁迅难免对田汉有误会之处，因此在信中使用了一些过激的言语，这都是可以理解的。凌鹤从大局考虑，在发表鲁迅书信

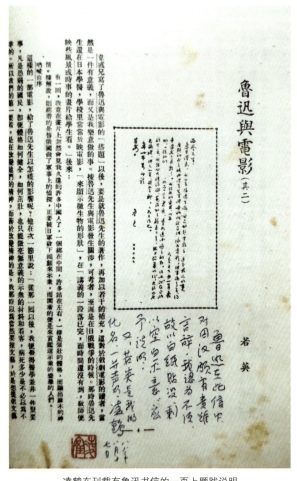

凌鹤在刊载有鲁迅书信的一页上题跋说明

时作了技术处理，这也是合乎当时局势的。事隔半个世纪，凌鹤以当事人的身份出来说明事情真相，对我们正确理解此事是很有帮助的。至于"若英"这个笔名，笔者认为可能凌鹤先生有误记之处。阿英先生很早就开始使用"若英"（张若英）这个笔名，从《鲁迅与电影》这篇文章来看，多使用考据的方法，也符合阿英行文的习惯，因此，笔者认为，署名"若英"的《鲁迅与电影》一文当出于阿英之手。

庐隐长篇《火焰》的最初发表

《华安》封面

在庐隐的创作道路上，长篇小说《火焰》非常引人瞩目，这部迅速反映"一·二八"淞沪抗战的小说，从头至尾都贯穿着民族存亡高于一切的爱国主义精神，显示了作者思想和创作上的飞跃和突破，被文学史家誉为是庐隐创作道路上具有重大转折意义的新起点。遗憾的是，庐隐生前并没能听到这样公允的评价。《火焰》创作于1932年夏，但成书出版时却已经是距庐隐病逝已一年半的1936年1月3日。因此，在庐隐生前，没有任何文章评价这部作品；即使在庐隐病逝后的1934年7月，茅盾在《文学》第三卷第一期上发表《庐隐论》时，文中也没有提到《火焰》，显然茅盾也没有看到庐隐的这部长篇，否则他在批评庐隐在创作道路上陷于"停滞"，没有跟随时代前进的同时，一定会欣喜地注意到庐隐的这个进步。而令人惋惜的是，这种遗憾本来是可以避免的，因为事实上在庐隐生前，《火焰》已经在一家刊物上公开发表，只是由于种种原因，《火焰》的最初发表在当时乃至今日，一直未被人们发现。

发表《火焰》的刊物名叫《华安》，是华安合群保寿公司创办的一本月刊。这家公司创办于20世纪初，在中国保险业界享有盛名。1933年6月，华安合群保寿公司为联络散处全国各地的数万保户，创办了《华安》月刊，以此作为保户们互通消息和发表意见的阵地。但在事实上，《华安》以大量篇幅刊登的还是有关时事、政论和各地通讯之类的文字；文学方面的内容也占一定篇幅，撰稿人员比较广泛，

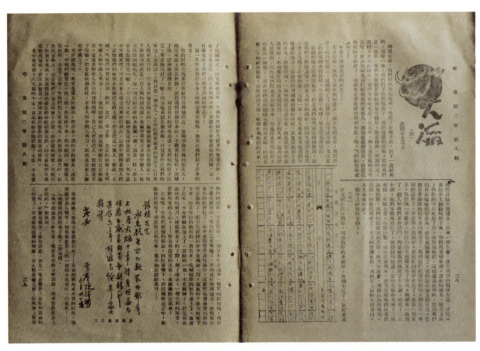

《火焰》发表版面及庐隐致《华安》编辑陆锡桢的信

包括施蛰存、王鲁彦、王独清、周木斋、徐仲年、章克标、杨邨人、黄震遐、马国亮、徐懋庸、庄启东、陆诒、侯枫等各方面的作家。

庐隐的《火焰》,从1933年9月1日第一卷第四期起开始连载(后从第二卷第一期起又重新从头刊载),至第三卷第一期止,共发表九章,约占全书的二分之一强。庐隐和华安公司本无来往,"华安"是通过当时在厦门大学任教的周蜀云介绍向庐隐约稿的。大约在1933年6月,也即《华安》刚创刊之时,该刊编者陆锡桢上门拜访庐隐未遇,遂留条作了约稿请求。事后庐隐马上回了信,在6月21日致陆锡桢的信中,庐隐写道:"承惠顾,失迎甚歉。兹由邮寄上拙著《火焰》十章,请查照妥为保存为感,盖敝处无副稿也。其余六章稍迟当续寄。"我们知道,庐隐写稿向不复抄,总是一挥而就,然后在底稿上稍作修改即寄出了,这一习惯我们从她的这一封信中也可得到佐证。当时可能《火焰》完稿后尚未作最后修改,也可能庐隐还不放心这家刚打交道的刊物,因此,她第一次只寄出了《火焰》的前十章。稿寄出两月之后,《火焰》即开始在《华安》上陆续刊出,庐隐对彼此的合作感到满意,于是在第二次将余稿全部寄出。在1934年1月23日致陆锡桢的信中,庐隐写道:"前函示并《华安》第三期(指第二卷第三期——引者)所刊拙著《火焰》之稿费单均已收到,谢谢。兹由邮寄上余稿六章,望妥为保存,陆续刊登为荷。闻蜀云先生已来沪,如有暇甚盼来舍下一谈。"至此,《火焰》全书十六章的手稿已全部寄给了陆锡桢,《华安》则以每期平均刊出三千字的速度连载《火焰》。但是就在这年的 5 月 13 日，庐隐却因产后大出血而不幸逝世，对此，《华安》马上作出了反应，6 月 10 日出版的第二卷第八期上，《华安》在发表庐隐《火焰》的同时，刊出作者手迹数幅，并发表陆锡桢写的《编者识》一篇，其中写道："黄庐隐女士以当代女作家致力文学创作，人所共仰！去年夏季，本刊问世，请诸家撰稿，承厦大教授周蜀云博士之介绍，女士面允为《华安》撰文，惟以正教工部局女子中学，课务家务，均感忙碌，无暇临时握笔，因将撰就之长篇创作《火焰》交本刊发表。全文共十六章，自二卷一期起，先后已发表六章，读者以其作风，较前颇有转变，正引人注意，不料全文尚未刊完，而庐隐女士已不复人间，海内闻之，咸深震悼！本刊除依遗意将全稿妥为保存，陆续发表外，特志数语；幸读者亦加意珍视，恐除《火焰》外，已不复有未发表之庐隐长篇创作，遗留人世也。"这篇文字交代了庐隐和《华安》交往的全部过程，并敏锐地指出了庐隐《火焰》的"作风，较前颇有转变"，这恐怕是对《火焰》最早的中肯评价了。

1935 年 1 月，《华安》出至第三卷第一期后停刊，《火焰》原稿的下落就此不明，但以后的事实证明，"华安"和陆锡桢先生忠实地实现了"妥为保存"的允诺。1936 年 1 月，北京书局出版了庐隐《火焰》的单行本，人们终于在抗战全面爆发的前夕看到了庐隐的这部抗战小说。现在虽然还没有什么足够的材料可以证明"华安"在促成《火焰》出版一事上起了什么作用，但有一点却是可以肯定的：即《火焰》出版时依据的底本当即"华安"保存的庐隐原稿，因为《火焰》并无第二份抄稿存世。

老舍佚简《南来以前》的文献价值

在老舍的一生中,从1937年7月7日一直到11月15日,这四个多月的日子是他极其难忘的,老舍以后在《乱离通信》《这一年的笔》《自述》《八方风雨》等一系列文章中,屡次深情地回忆当时的情况。然而,在所有的研究专著和文章中,老舍叙述这四个多月动荡生活最详细的一封重要书信,却始终没有被大家所注意。这封书信是老舍在抵达汉口之后仅两个月,于1938年1月中旬写给一位友人的,刊登在同年2月出版的《创导》半月刊第2卷第7期上,名《南来以前》,两千多字。

一

老舍在《南来以前》这封信中,以相当多的篇幅,谈到了长篇小说《病夫》的创作情况。我们知道,1937年,老舍在完成了《骆驼祥子》的写作以后,应南北两家刊物之约,动笔同时创作两部长篇小说。由于抗战的爆发,这两部长篇都未能终篇,并且在以后的几十年中始终下落不明。1985年夏,笔者在1937年8月出版的《方舟》月刊第39期上,发现了老舍的这两部长篇中的其中一部——《小人物自述》,这部散佚已久的长篇残稿于《十月》1986年第1期重新发表,引起了国内外老舍研究者和有关方面的重视。老舍当年两部未完长篇中的另一部,就是《病夫》。根据老舍的这封信和其他一些资料,我们可以比较完整地了解老舍创作这部长篇时的艰难情形。

老舍作为"职业写家"的第一部作品《骆驼祥子》是在《宇宙风》上连载的,还没有刊完时,《宇宙风》杂志就约老舍再为该刊写一部长篇连载,老舍也欣然同意。

从1937年7月起,老舍就开始动笔创作这部长篇。

1937年8月1日出版的《宇宙风》第16期也抢先刊出广告:

《病夫》
老舍先生继《骆驼祥子》的长篇力作,本刊下年度伟大贡献之二(贡献之一是指冯玉祥的自传《我的生活》——引者注)

这是第一次公开披露老舍这部长篇小说的书名。而此时的老舍正在青岛,冒着酷热,以"平均每日写两千字"的速度,赶写着这部长篇。在写作过程中,老舍还要分出精力,密切注意战局的发展。当时,老舍的母亲正在北平,且"久无信示",而老舍的妻子又面临分娩。国事家事,里里外外,一切都纷扰着老舍的心灵。透过书信中的片言只语,我们能想象得出,老舍是在怎样的情况之下进行着艰难的创作。

1937年10月1日,《宇宙风》出版第48期,以整版的篇幅再次刊出广告:

四大巨著
本刊四十九期起先后陆续登载
我的生活(冯玉祥先生作)
实庵自传(陈独秀先生作)
海外十年(郭沫若先生作)
病　　夫(老舍先生作)

此时的老舍,已从青岛前往济南齐鲁大学,从9月15日起开始担任国文系两门课的讲授任务。《病夫》的手稿也随之带往齐鲁大学。老舍8月13日到达济南。同一天,日军进攻上海,淞沪战争爆发;14日,日军进攻青岛,老舍急电致友,请送眷至济南。一路正逢大雨,刚出产院的妻子、女儿均受寒患病,被送进了医院。老舍每日需赴医院分看妻、女,还要照顾年幼的小儿,两头分心,疲于奔波。《病夫》的创作,实际上已无法进行。11月,济南形势也开始紧张,老舍经过一番痛苦的思想斗争,在妻子的支持下,决定只身先走。11月15日晚,老舍离开济南前往汉口,临行前,所有的书籍字画,包括《病夫》手稿,全部留在了济南齐鲁大学内。

《病夫》的写作在8月底陷于停顿,家事拖累是一个原因,但最根本的原因却和当时的局势有关。老舍自己这样说:"《病夫》已有七万字,无法续写,复以题旨距目前情形过远,即决放弃。"(老舍:《南来以前》)这寥寥数语已写明了老舍"放弃"《病夫》的真正原因。当时正处抗战高潮,而《病夫》的内容则和抗战无直接联系,所以老舍有"题旨距目前情形过远"之语。老舍曾经说过:"抗战改变了一切。我的生活与我的文章也都随着战斗的急潮而不能不变动了。"(老舍:《我怎样写通俗文艺》)他又说:"我晓得,我应该写自己的确知道的人与事。但是,我不能因此而便把抗战放在一旁而只写我知道的猫儿狗儿。"(老舍:《我怎样写〈火葬〉》）以这样的思想为指导，老舍决定"放弃"与抗战无直接联系的小说《病夫》，当然是很自然的了。关于《病夫》实际已完成的字数，老舍在1938年7月发表的《这一年的笔》一文中，曾写明是七万字，但在以后的《三年写作自述》《习作二十年》等一系列文章中，却又有从两万字到五万字等五六种不同的说法。究竟何为正确呢？笔者以为在《南来以前》这封信里，老舍对此有明确的说明，"《病夫》已有七万字"。这封信的写作日期距离《病夫》的创作尚不到半年，其可靠程度是显而易见的，且此说又与《这一年的笔》一文相吻合，因此，可以肯定地说，《病夫》的实际完成字数是七万字。

二

老舍写信，一向简短，但《南来以前》却长达两千余字，在老舍确是一个例外。除了《病夫》的创作以外，老舍在信中还详细描述了自己各方面的情况，这对我们了解老舍当时的思想、创作和生活情况都很有帮助。比如，老舍在中断了《病夫》的写作以后，曾在1938年初创作了一部以抗战为题材的长篇小说《蜕》，小说是以什么城市为背景的，老舍自己从没有明确说过，但我们如读了《南来以前》之后，这个疑团便能豁然明朗：小说的背景正是济南！老舍在创作中调动了自己在济南数月的生活积累，小说中诸如：学生聚会讨论抗战计划，到车站慰问受伤士兵，市保安队被缴械，城市遭到日机空袭轰炸等情节，都是老舍耳闻目睹并在《南来以前》中加以描述过的。从《蜕》中，我们还能发现，老舍写小说，在地理环境上几乎总是有一个具体的"模特"，绝少有虚构的。这是一个很有意义的现象，值得我们深入研究。

再如，在现已发表的所有《老舍著译年表》中，1937年的下半年几乎是一个空白，而从此函可以看出，老舍当时在济南几乎可以说是天天执笔写作的，且有不少的文章在济南的报刊上发表。这些真实的记录，生动地刻画了一位在国难期间，以笔为武器坚持不屈斗争的文化战士的形象，也为我们寻找老舍的佚作提供了很多具体的线索。相信在老舍的这些抗战杂文找到之后，我们对老舍将会有更多更深的了解。在这封信以及其他一些资料中，我们还能窥探到在抗战期间老舍创作思想的一些发展变化。我们知道，抗战爆发促使老舍放弃了《病夫》，转而寻求其他的表现内容。他动笔创作了《蜕》这部直接以抗战为题材的长篇小说。《蜕》也没有写完，未能终篇的原因很多，但对沦陷区生活不熟悉是一个重要原因，他以后这样说过："我要写一个被敌人侵占了的城市，可是抗战数年来，我并没有在任何沦陷区住过。只好瞎说吧。这样一来，我的'地方'便失去读者连那里的味道都可以闻见的真切。……这个方法要不得！"（老舍：《我怎样写〈火葬〉》）五年以后，老舍终于创作了一部以沦陷城市为主要背景的长篇小说《火葬》。由于上述同样的原因，老舍对这部作品也不满意，但他同时又认为："今天我不去试写我不知道的东西，我就永远不想知道它了。……写失败了一本书事小，让世界上最大的事轻轻溜过去才是大事。"（老舍：《我怎样写〈火葬〉》）从中我们能窥探到他作为一个作家的高度使命感。但这仅仅是老舍所要追求的一个方面，他早就说过："只有骨骼，而无神髓。这办法，热情有余，而毫无实力；虽无骗人之情，而有骗人之实，亦所不取。"（老舍：《三年写作自述》）他之所以不满于《火葬》，其原因盖出于此。他表示："等我对于某个地方，某些人物，某种事情，熟习了以后，我必再拿起笔来。"（老舍：《三年写作自述》）老舍没有食言，写完《火葬》之后，他开始努力搜集有关沦陷区的资料。1943年11月，他的妻子胡絜青带着三个孩子，历尽艰难，从沦陷区辗转来到重庆，更给他提供了大量有关沦陷区的第一手素材。1944年初，老舍开始创作全面反映抗战期间沦陷区人民生活的百万字长篇《四世同堂》。40年后，这一长篇巨作使老舍的艺术声誉达到了顶峰。

附：

南来以前

老 舍

××兄：

大示收到，慨极！邮递迟滞，虽相隔仅千里，如居异国。计自发函至收读，已一月另三日矣！一向不暇作长函，这遭却须破些工夫，信既蜗行，再不多写一点，则我似不诚，兄必失望。

芦沟桥事变初起，我们在青岛，正赶写《病夫》——《宇宙风》特约长篇，议定于九月中刊露。街巷中喊卖号外，自午及夜半，而所载电讯，仅三言两语，至为恼人！一闻呼唤，小儿女争来扯手："爸！号外！"平均每日写两千字，每因买号外打断思路。至七月十五日，号外不可再见，往往步行七八里，遍索卖报童子而无所得。日侨尚在青，疑市府已禁号外，免生是非。日人报纸则号外频发，且于铺户外揭贴，加以朱圈，消息均不利于我方。我弱彼强，处处惭忍，有如是者！

老母尚在北平，久无信示；内人又病，心绪极劣。时在青朋友纷纷送眷属至远方，每来辞行，必嘱早作离青之计。盖一旦有事，则敌舰定封锁海口，我方必拆毁胶济路，青岛成死地矣。家在故乡，已无可归，内人身重，又难行旅，乃力自镇定，以写作摈扰，文字之劣，在意料中。自十五至廿五，天热，消息沉闷，每深夜至友家听广播，全无收获。归来，海寂天空，但闻远处犬吠，辄不成寐。

廿六日又有号外，廊坊有战事，友朋来辞行者倍于前。写文过苦，乃强读杂书。廿八号外，收复廊坊与丰台，不敢深信，但当随众欢笑。廿九日消息恶转，号外又停。卅一日送内人入医院。在家看管儿女，客来数起，均谓大难将临。是日仍勉强写二千字给《民众日报》。

八月一日得小女，大小俱平安。久旱，饮水每断，忽得大雨，即以"雨"名女——原拟名"乱"，妻嫌过于现实。电平报告老人；复访友人，告以妻小无恙；夜间又写千字。次日，携儿子往视妈妈与小妹，路过旅行社，购车票者列阵，约数百人。四日，李白入京，良乡有战事；此地大风，海水激卷，马路成河。乘帆船逃难者，多沉溺。每午，待儿女睡去，即往医院探视；街上卖布小贩已绝，车马群趋码头与车站；偶遇迁逃友人，匆匆数语即别，至为难堪。九日，《民众日报》停刊，末一号仍载有我小文一篇。王剑三以七号携眷去沪，臧克家、杨枫、孟超诸友，亦均有南下之意。我无法走。十一日，妻出院，实之自沪来电，促南下。商之内人，她决定不动。以常识判断，青岛日人产业值数万万，必不敢一时暴动，我方军队虽少，破坏计划则早已筹妥。是家小尚可暂留，俟雨满月后再定去向。至于我自己，市中报纸既已停刊，我无用武之地，救亡工作复无详妥计划，亦无人参加，不如南下，或能有些用处。遂收拾书籍，藏于他处，即电亢德，准备南下。十二日，已去托友买船票，得亢德复电："沪紧缓来。"南去之计既不能行，乃决去济南。前月已与齐大约定，秋初开学，任国文系课两门，故决先去，以便在校内找房，再接家小。别时，小女啼泣甚悲，妻亦落泪。十三早到济，沪战发。心极不安：沪战突然爆发，青岛或亦难免风波，家中无男人，若遭遇事变……

果然，十四日敌陆战队上岸。急电至友，送眷来济。妻小以十五日晨来，车上至为拥挤。下车后，大雨；妻疲极，急送入医院。复冒雨送儿女至敬环处暂住。小儿频呼"回家"，甚惨。大雨连日，小女受凉亦病，送入小儿科。自此，每日赴医院分看妻女，而后到友宅看小儿，焦急万状。《病夫》已有七万字，无法续写，复以题旨距目前情形过远，即决放弃。

十日间，雨愈下愈大。行李未到，家具全无，日行泥水中，买置应用物品。自青来济者日多，友朋相见，只有惨笑。留济者找房甚难，迁逃者匆匆上路，忙乱中无一是处，真如恶梦。

廿八日，妻女出院，觅小房，暂成家。复电在青至友，托送器物。七月事变，济南居民迁走甚多，至此又渐热闹，物价亦涨。家小既团圆，我始得匀出工夫，看访故人。多数友人已将妻女送往乡间，家家有男无女，颇有谈笑，但欠自然。沪战激烈，我的稿费停止，搬家买物看病车等又费去三百元，遂决定不再迁动。深盼学校能开课，有些事做，免生闲愁，果能如此，还足以傲友辈也。

学校于九月十五日开课，学生到及半数。十六日大同失陷，十九日中秋节，街上生意不多，几不见提筐肩盒送礼者。《小实报》在济复刊，约写稿。平津流亡员生渐多来此，或办刊物，或筹救亡工作，我又忙起来。廿一日，敌机过市空，投一弹，伤数人，群感不安。此后时有警报。廿五六日，伤兵过济者极多，无衣无食无药物，省政府似不甚热心照料。到站慰劳与看护者均是学界中人。卅日，敌军入鲁境，学生有请假回家者。时中央派大员来指挥，军事应有好转，但本省军事长官嫌客军在鲁，设法避战，战事遂告失利。德州危，学校停课。师生相继迁逃，市民亦多东去，来自胶东者又复搬回，车上拥挤，全无秩序。我决定不走。远行无力，近迁无益，不如死守济南。几每日有空袭警报，仍不断写作。笔为我唯一武器，不忍藏起。

入十月，我方不反攻，敌军不再进，至为沉闷。校内寂无人，猫狗被弃，群来啼饥。秋高气爽，树渐有红叶，正是读书时候，而校园中全无青年笑语声矣。每日小女助母折纱布揉棉球，备救护伤兵之用，小儿高呼到街上买木枪，好打飞机。我低首构思，全室有紧张之象。流亡者日增，时来贷金求衣，量力购助，不忍拒绝。写文之外，多读传记及小说，并录佳句于册。十四日，市保安队枪械被收缴，市面不安，但无暴动。青年学子，爱国心切，时约赴会讨论工作计划。但政府多虑，不准活动，相对悲叹。下半月，各线失利，而济市沉寂如常。虽仍未停写作，亦难自信果有何用处矣。

十一月中，敌南侵，我方退守黄河。友人力劝出走，以免白白牺牲，故南来。到汉口已两月余，还是日日拿笔。对政治军事，毫无所知，勉强写些文字，自觉空洞无物。可是，舍此别无可为，闲着当更难堪。无力无钱，只好有笔的出笔，聊以自慰。

家小尚在济，城陷后无音信。所以不能同来者：

一、车极难上，沿途且有轰炸之险。

二、儿女辈俱幼弱，天气复渐寒，遇险或受病，同是危难。

三、存款无多，仅足略购柴米，用之行旅，则成难民。版税稿费俱绝，找事非易，有出无入，何以支持？独逃可仅顾三餐，同来则无法尽避饥寒。

有此数因，故妻决留守，在济多友，亦愿为照料。不过，说着容易，实行则难，于心有所不忍，遂迟迟不敢行。及至事急，妻劝速行，盖我在家非但无益，且或累及家小。匆匆收拾衣物，儿女辈频牵衣问父何去何归。妻极勇敢，代答以父明日即来。时已入夜，天有薄云，灯下作别，难道一语！前得短诗，略记此景：

弱女痴儿不解哀，牵衣问父去何来。语因伤别潜成泪，血若停流定是灰！已见乡关沦水火，更堪江海逐风雷？徘徊未忍道珍重，暮雁声低切切催！

信已太长，犹未尽意，一俟家信到此，当再叙陈。祝吉！

（刊1938年2月15日《创导》半月刊第2卷第7期）

夏衍关于早期创作的一封信

记得大概在20世纪80年代中期,因子善兄的引荐,我有幸参加钱谷融教授主编的"中国新文学社团、流派丛书"项目,负责其中"狮吼社作品、评论资料选"专题的选编。刚一涉足,就知道这事不容易做:狮吼社在现代文学史上是个小社团,关注的人不多,研究的学者更少,几十年来可谓还处在"深山人未识"的状态,有关它们的文献真可以凤毛麟角来形容。好在我当时还年轻,虽然学识浅薄,但却干劲十足,拜访请教,爬梳剔抉,连晚上和节假日都搭了进去,心里却感觉非常充足。

在我当时找到的相关文献中,最难得的可能是那套1924年7月创刊的《狮吼》半月刊。这是狮吼社出版的第一本刊物,孤本不敢说,存世极罕却是事实,狮吼社同人在20年代末就曾悬赏征求该刊全份,其珍罕程度于此可见一斑。狮吼社是一个有着鲜明特色的文学社团,其雏形大约形成于1922年。它的几个主要成员滕固、方光焘等在日本留学时就和创造社的几位骨干经常交往,是创造社最初的一批成员之一,并在创造社的刊物上发表过重要作品。受创造社成立的鼓舞和刺激,滕固、方光焘和当时也在日本留学的张水淇、章克标等经常在一起纵论古今,畅谈文学,并萌发起自己结社组团的念头。由于种种原因,这愿望在日本最终未能实现。1924年他们先后学成归国,聚集到上海,再度燃起文学结社的热情。他们联络在上海的黄中,于7月正式成立狮吼社,并出版了第一种社刊:《狮吼》半月刊。当时文学

《狮吼》封面

社团的组织大都比较松散，几个经常来往的朋友，聚两次会，吃一顿饭，然后大家凑钱办一份刊物，社团就算成立了。其实，真正的社员只是其中的几个骨干，其他只能算是略微谈得来的朋友而已。像狮吼社，能算骨干成员的应该是滕固、方光焘、张水淇、章克标、邵洵美、黄中等几个人，其他在《狮吼》上写文章的大都是一段时间内有来往的朋友，甚至连编外成员也算不上。

夏衍《童心颂赞》发表版面

夏衍《新月之下》发表版面

在《狮吼》半月刊中，刊文最多的当然是方光焘、滕固、张水淇等人，但引起我注意的却是郭沫若、夏衍两人的文章。郭沫若发表的是1924年7月23日从日本致滕固的一封信。1924年是郭沫若的思想发生重大变化的一年，信中显示了关于他思想变化的很多信息，笔者在他文中另有剖析，此处不赘。如果说找到郭沫若的佚信令人高兴的话，在《狮吼》半月刊上发现夏衍的佚文则更让我喜出望外了。当时在我的印象中，夏衍在30年代以前似乎没有写过纯文学的作品，而《狮吼》上的夏衍作品则显然证明了这种看法的错误。我在《狮吼》上找到的夏衍作品是小说《新月之下》和散文《童心颂赞》，均署"沈宰白"这一笔名。当时我已知道"沈宰白"是夏衍的笔名，1919年他在《浙江新潮》上发表杂感署的就是这一笔名；而夏衍的经历和文中的叙述也能对应（如《童心颂赞》中写道：1924年夏天，作者经过朝鲜、满洲、北京、南京，回到了挚爱的杭州等），故"沈宰白"即夏衍毋庸置疑。

夏衍是1920年赴日留学的，他在国内读的是杭州甲种工业学校染织科，因此到日本学的也是工科，曾先后在日本福冈明治专门学校和九洲帝国大学读书。枯燥的学习之余，夏衍看了不少中外文艺作品，中国小说中，读的较多的是郁达夫和陶晶等创造社人的作品。受此影响，夏衍也涌起了创作冲动，便以自己的身边事为题材，写了几篇小说寄到上海的创造社，结果都被退回。其中有一篇题名为《鸡虫》的作品，创造社在退回时，特地注明意见："题

《夏衍文学创作生涯六十年展览》请柬正面

《夏衍文学创作生涯六十年展览》请柬背面

《夏衍文学创作生涯六十年展览》首日封正面

《夏衍文学创作生涯六十年展览》首日封背面

名《鸡虫》很难解。"年少气盛的夏衍很不服气，马上回了一信给编者，辩解道："'鸡虫'是一个并不难理解的典故。小说的确写得不好，但并不能说"鸡虫"二字难解……"颇有"士可杀不可辱"的气概。在20年代的中国，创造社是和文学研究会并肩的最负盛名的两个文学社团，怀有梦想的文学青年大都期盼能跻身其内，分享荣誉，但真能梦想成真的并不多，另投门庭或自组社团的倒不少，施蛰存先生在其回忆录中就曾以自己的亲身经历剖析过当年的这一特有情景。

1924年11月，在滕固、方光焘等人的怂恿下，正在福冈的夏衍又萌发文心，他将一篇旧作重新作了修改，寄往上海。仅仅过了20余天，在12月1日出版的《狮吼》半月刊第9、第10期合刊上，夏衍以"沈宰白"笔名写的这篇小说就赫然刊出了，篇名《新月之下》。《狮吼》的编者滕固、方光焘等均是留日学生，和夏衍彼此相熟，对夏衍在文中流露的感情也都有切肤之感。方光焘在该期《编辑者言》里写道："此期承各方同志寄来的稿件甚多，内中有几位是初次为《狮吼》作文的，我深感觉得有先介绍于读者的必要，所以只得把预告中滕固的《青铜时代》、黄中的《育儿》和光焘的《眼泪》暂时搁起，留待下期特刊上发表。"夏衍正是被编者赏识的"初次为《狮吼》作文"中的一个。《新月之下》描写了一个在日本留学的中国学生对未婚妻的思念。小说中的"他"和"她"先是因军阀混战而分离，后又因学业的需要而远别。在异国他乡，在一个新月初升的夜晚，倍感孤独的"他"漫步在海滩上，深深地思念起和未婚妻的分手情景。小说表现了当时青年对爱情的追求和对自由的渴望；更重要的是，作者在这个孤独的主人公身上深深寄托了海外游子对祖国的眷念和向往，夏衍写道："他虽则只离了他的祖国两个月，但他似乎已经分离了十年也似的渴望她！"这十分真切地写出了当时在海外留学的中国学生的典型心理。夏衍的这篇早期小说感情细腻，叙述真切，和其本人经历也有吻合之处：夏衍赴日留学后，母亲非常挂念他，尤其是他的婚事，开始为他物色对象，最后选中也在杭州读书的蔡淑馨，其父是杭州纬成丝织公司驻上海总经理。1924 年暑假，夏衍回国到杭州相亲，两人彼此心仪。夏衍回日后，两人频频通信，互述思念，颇为感人。正因为夏衍本人有着这样的经历，故笔者当时曾认为《新月之下》带有一定的自传性质，这也是当时流行的"私小说"的一个显著特色，笔者还以此请教这位文坛前辈。后夏衍在回信时特地郑重其事地予以澄清："这一篇并不是'自传体小说'，而是我的一个同窗学友给我叙述过的故事。"《新月之下》发表时，夏衍正忙于写明治学校的毕业论文，因此并未看到自己的这篇小说处女作。1987 年，笔者把小说复印件寄到北京，当夏衍"新"睹自己的"旧"作时，感慨万端，认为作品"显然是受了郁达夫的影响"，但他又谦逊地表示："技术上比他差得多了。"

在写完了《新月之下》以后，11 月 27 日，夏衍又写了一篇题为《童心颂赞》的散文寄往上海。这次，仅隔了十几天，《狮吼》半月刊第 11、第 12 期合刊又马上将这篇散文刊载出来。《童心颂赞》是一篇值得重视的作品。在这篇文章中，作者深深流露了对战争的痛恨，对军国主义的诅咒。夏衍写道："我真不懂为什么人们不愿如孩子般相亲相爱，——定要造出许多界限；——最可怜是东京、大阪的小孩子，已经没有我们乡间一样的好了，和他们谈几句，Chinkoro 的骂声的可能性，是确实的。可诅咒的都会，可悲伤的教育，谁实为之？使纯白的孩子心境里留了些揩不净的国家的污点！"这样的社会现实，使夏衍感到愤慨，作品中显示的疑惑，是夏衍当时真实思想的流露。正是在日本留学的那几年，夏衍开始阅读马克思、列宁的著作，努力从中寻找人生的答案，思想开始逐渐成熟。在《童心颂赞》中，夏衍还写下了他和郭沫若在日本最初交往的珍贵记录，写下了对他影响最大的几位外国文学家的名字，他们依次是：斯蒂文森、华兹华斯、歌德……

夏衍和狮吼社的因缘并不尽于此：1926 年 8 月，他在《狮吼社同人丛著》第 1 辑《屠苏》上发表散文《圣诞之夜》，文章写于 1924 年冬，以第一人称倾述远在异国他乡的孤寂苦闷和对女友的关切思念，署名"沈宰白"；1928 年 9 月，他在《狮吼》复活号第 5 期上发表《女人的天国》，这是他翻译日本文艺理论家厨川白村所著《北

中国人民对外友好协会

斌如、张伟同志：

昨天同马珂同志大批及抄件均收到，谢谢你们的关注。二十年代初，作为一个爱好文艺的青年，的确有一段时间想写小说，也试写了几篇，但都没有被採用。当时爱创造社前辈们的都达夫、陶晶孙、郭沫若的那些身边琐事，特别还记得有一篇可题为"鸡蛋"的短篇。现在"创造社退回我的信，连同一封信给"鸡蛋"很难解，我很不服，还可以说"鸡蛋"变硬，难于不跳出那叫的典故，说"鸡蛋"走出蛋壳，但不利，说"鸡蛋走出蛋难解"，小说的确写得不怎么。

1987年3月22日夏衍致萧斌如及张伟信件1

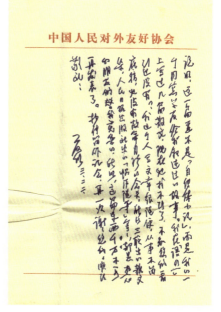

1987年3月22日夏衍致萧斌如及张伟信件2　　1987年3月22日夏衍致萧斌如及张伟信件3

美印象记》中的一章，署名"沈端先"。后来《北美印象记》即在邵洵美开设的金屋书店出版，邵并慷慨支付稿费五百元，解了夏衍的燃眉之急。夏衍是念旧的人，一直不忘此知遇之恩，1949年后曾对邵洵美的生活和工作安排尽过力。

　　夏衍在日本留学期间的创作，是他最初的一批文艺作品，具有独特价值。这些作品为我们探索夏衍早期的思想发展和创作道路提供了弥足珍贵的第一手资料，但却长期沉睡于茫茫书海之中，未被世人所知。我觉得有责任为此做些什么，也很想听听作品的主人对此的看法。我想应该写封信向夏衍先生请教，并直觉他肯定会有回复。当时我单位的萧斌如女士因在编《郭沫若研究传集》而认识很多文坛前辈，我们遂联名写了一封信，由柯灵先生转交夏衍。记得我在信中介绍了因查阅狮吼社资料而发现《新月之下》和《童心颂赞》两篇佚文的经过，并谈了自己的一些粗浅想法。没隔多久，夏衍果然从北京写来了回信，详细介绍了他在日本留学期间写作的情景，并回顾有生动的细节，时隔六十年，老人的记忆仍然这么清晰，令人钦佩。这封信对研究夏衍无疑颇具价值，二十余年来我一直珍藏在身边，这次子善兄主编的《现代中文学刊》推出纪念夏衍逝世二十周年专辑，我愿意将此信公布。此信本因子善兄的引荐而起，现又在子善兄主编的刊物上披露，可谓"善始善终"。

　　最后值得补叙一事：1990年10月15日，我和萧斌如女士筹办的"夏衍文学创作六十年展览"在上海图书馆开幕，展览分"生平""创作"和"研究"三个部分，展出了四百多件照片、手稿和各种版本的著作，《新月之下》和《童心颂赞》也首次亮相。这可能是有关夏衍的第一个大展。展览持续十天，随后移到夏衍的家乡杭州，

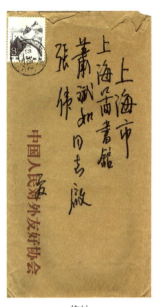

信封

在浙江博物馆继续展出,以后又移到北京在北京图书馆展出。我从小就爱集邮,也知道夏衍在集邮方面很有造诣,故专门为展览制作了一枚首日封,还特地请金石拓片专家赵嘉福先生篆刻了纪念章,想不到大受欢迎。这枚首日封我请夏衍的秘书林缦女士带回北京,请夏衍先生签名留念。现在,这枚具有特殊意义的纪念封和夏衍的回信一起收藏在我身边,成为一份难忘的回忆。

附　夏衍 1987 年 3 月 22 日回信

斌如、张伟同志:

　　柯灵同志转来大札及抄件均收到,谢谢您们的关注。二十年代初,作为一个爱好文艺青年,的确有一段时间想写小说,也试写了几篇,但都没有被采用。当时受创造社前期作家郁达夫、陶晶孙的影响,写的都是身边琐事,特别还记得有一篇题为《鸡虫》的短篇,被"创造社"退回,认为题名《鸡虫》很难解。我很不服,还写了一封信给编者,说"鸡虫变龙"是一个不难理解的典故,小说的确写得不好,但不能说"鸡虫"二字难解,颇有一点青年人的"霸气"。那是一九二二年的事,后来就不再写小说了。您们找到的那一篇,现在回想起来,似乎是一九二三年暑假回国时,在上海遇到方光焘、滕固时,他们一再怂恿我写,后又写信催促,才把以前写的一篇从新修改后寄给孙百刚,转给方光焘。这一年正在写毕业论文,"心不在焉",所以发表了我也不闻不问,从此就忘记了,现在看了,真是幼稚得很,那种伤感性,显然是受了郁达夫的影响,当然技术上比他差得多了。看少年时期写的文章,包括我在《浙江新潮》上写的杂文,都好像看到穿开裆裤时的照片,"不忍卒睹",但有一点要说明,这一篇并不是"自传体小说",而是我的一个同窗学友给我叙述过的故事。我在《语丝》上写过几篇短文,现在也找不到了,不知您们看到过没有?我这个人写文章很随便,从事(来)不留底稿,也没有敝帚自珍的念头,所以三联出的杂文集,人民日报出版社出的《蜗庐随笔》等等,都是热心的朋友替我搜集的,所以,这篇东西千万不可再发表了。抄件留作纪念。再一次谢谢您们。顺致敬礼!

夏衍 三,二二

楼适夷回忆《现代生活》

20世纪20年代初，受五四运动的影响，很多年青人满怀报国激情，到处寻找真理，思想非常活跃。而当时的出版环境也比较宽松，有钱有人便可以很方便地出书出刊，当然，一遇风波就得马上停刊了事，或者另起炉灶。因此，便形成了当时出版界空前繁荣，而很多报刊却又旋起旋灭的奇特情景。当时的很多刊物，都是一些志同道合的青年人利用业余时间，各自凑钱出力所办，主要篇幅都是刊登自己的文章，属于同人刊物，如应修人、潘漠华等人所办的《支那二月》，滕固、章克标等人所办的《狮吼半月刊》等。本文所述由新时代学社创办的《现代生活》，便是当时诸多同人刊物中的一种。

新时代学社成立于1923年春，主要成员大都是上海圣约翰大学的浙江籍学生，发起人是蒋启堹、陈樾和朱公垂，并吸收一些校外同乡任特邀社员，主要有楼建南（楼适夷）、薛迪靖等。新时代学社发表言论的主要阵地即《现代生活》半月刊。该刊创刊于1923年6月1日，由蒋启堹主编，至1924年元旦出至第2卷第1期时改为双月刊，但仅出一期便无下文，全部共出11期。《现代生活》是综合性杂志，主要撰稿人有蒋启堹、楼建南、朱公垂、潘序祖等，蒋启堹在创刊号上撰文阐述刊物宗旨，抱负很大，充满青年人的雄心壮志："对麻木不仁的社会主彻底的改造，作激昂慷慨的鼓吹，促醒一般执迷的人们；对顽固专制的旧家庭，作不屈不挠的抵抗，引人们到新家庭光明的

《现代生活》封面

途径；对婚姻问题，主张恋爱自由，提倡'恋爱道德'，宁作无限量的牺牲，达灵肉二元相兼的幸福；对文学，决和一切'非人的艺术'奋斗，孕育切合'现代生活'的'人的文学'，排斥虚无缥缈的'神性文学'，更须铲除荒谬淫佚的'兽性文学'！"（蒋启壎《〈现代生活〉引言》，载《现代生活》第1期，1923年6月1日）刊物偏重文艺，发表政论、小说、诗歌、剧本等各类作品。政论部分主要探讨社会人生、妇女解放、青年婚姻等问题，涉及面很广，虽然大多为泛泛而谈，难有精深之论，但也反映了年青人的热情和对社会问题的关注。文学创作则多反映当时社会的黑暗现象和青年人的苦闷忧愁，如楼建南的散文《乡居小品》，以回乡纪行的形式，写出了农村景象的衰败和人们对官僚地主的仇恨；潘予且的小说《不幸的人》，描写了母女两人在包办婚姻下的不幸遭遇；楼建南的小说《冢地》，生动地描述了一个农村青年在都市里茫然无措，犹如置身在黑暗坟墓的孤立无助的悲凉心态。

楼适夷致张伟信信封

《现代生活》上引起我注意的是楼建南（楼适夷）的作品。楼适夷，1905年生，浙江余姚人。1918年从家乡到上海，在一家钱庄当学徒。1923年起开始和创造社等文学社团有接触，1927年后从事共产党的地下工作及文学活动，是"左联"重要成员，编辑过《前哨》《文艺阵地》《小说》等重要刊物，有《挣扎》《活动》等多种作品行世。解放后任人民文学出版社副社长兼副总编辑。楼适夷在《话雨录》（生活·读书·新知三联书店1984年版）中曾回忆自己初涉文坛的一些活动，但却没有提及新时代学社。1983年10月，人民文学出版社为他出版了《适夷诗存》，收录他1923—1981年间创作的诗歌共132首，其中也无他在《现代生活》上发表的诗作。1986年初，我写信去北京团结湖他的寓所询问，并先后寄去了一些复印件。适夷先生看了自己的少作后非常高兴，同时也勾起了回忆的思绪。他陆续回复了我好几封信，仔细回忆了自己当时的活动及有关《现代生活》的一些情况，现略加摘录：

我是1918年秋，从家乡（念过旧制小学8年）浙江余姚随父亲到上海南市里马路吉祥弄徵祥钱庄当学徒的，次年遇五四运动，以后参加一些群众运动并努力自学。记得在抵制日货的运动中，参加过一个街头群众自发出版的小报，写过杂文。（1986年5月6日复信）

我最初发表习作，自己也记忆不清，大概开始于21—22年，在周瘦鹃编的小报《乐园日报》《新世界报》，写过小文章，记得《礼拜六》上有过一个短篇，又如《时事新报》的副刊《青光》或《民国日报》的副刊《觉悟》也发表过一些，但均已忘却篇名、署名。《现代生活》主办者蒋启壎，是我的小同乡，当时是圣约翰大学生，我与朱公垂都参加这个刊物，写了一些什么，已经完全忘记。（1986年2月18日复信）

六十年前的习作，今天又得相见，实出意外，无限感激。东西都是幼稚可笑，原不值得保留，但也因此窥见自己少年时代的精神面貌，也可以成为今天自我认识的一些资料。（1986年4月13日复信）

适夷先生在给我的复信中回忆了不少细节，提供了很多珍贵史料。如他说：蒋启壎是蒋梦麟的侄子，出身比较富裕，故能拿出钱来办《现代生活》这样一份同人刊物。他还回忆：自己除了给《现代生活》等写稿，当时还编过《嘤声》和《嫩绿》两个刊物，嫩绿社以后和新时代学社进行了合并。他还就我的提问，回答了一些问题。如《现代生活》第2卷第1期在头条位置发表了早期共产党人杨贤江的一篇文章，名《青年的生活》，我曾去信询问，《现代生活》当时是否和共产党有过什么关系？适夷先生马上回信，明确回答："此刊我记得纯粹同人自费所办，无其他关系。当时我们与党、团都还没有接触，杨贤江那时当已为党员，但我们只是同乡关系，还没有发生政治关系，大概是我们请他写的稿，与党是没什么联系的。"（1986年2月18日复信）这种实事求是、光明磊落、绝不往自己脸上贴金的态度，正体现了适夷先生做人的一贯准则。记得我当时还提出了如何看待"礼拜六派"文学的疑问，适夷先生复信写道："《礼拜六》其实也是中国现代文学中相当有力的一派，新文学运动起来时应该把它打倒是对的，它也确是半封半殖上海洋场的产物，但也表现了一个时代，而且其中也有些在艺术上有成就的。

楼适夷1986年8月5日致张伟信

楼适夷回忆《现代生活》

第二十篇

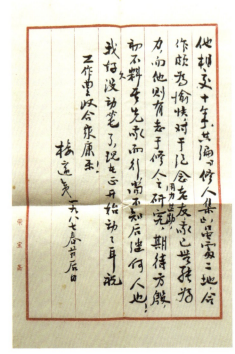
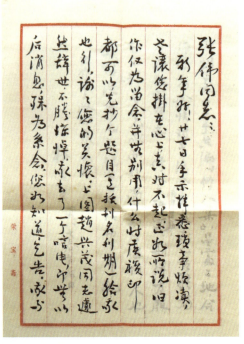

楼适夷1987年春节后致张伟信

现代文学史家,实际是应该作为一个研究项目,有的作品也应该编选留世,不知有人做这种工作否?"(1986年8月5日复信)这种实事求是、公允平和的观点,现在看来也许算不了什么,但在十多年前的当时却是相当不容易的,这体现了适夷先生唯物主义的历史眼光。

在当时由年青人所创办的众多刊物中,《现代生活》是较具代表性的一种,从中我们可以揣摸思索时代风尚、学子心态和文坛动向;楼适夷先生的回忆更为我们开启了一扇通往时光隧道的窗户。几十年来,我们对创造社、文学研究社这类出名团体及其刊物予以了很多关注,而对新时代学社和《现代生活》这类不起眼的团体和杂志却往往不屑一瞥。放下眼光"垂顾"一下吧,你也许会在这不经意"一瞥"中得到额外收获。

1986年9月22日在北京和楼适夷先生合影

一个善良的友人
——巴金心目中的散文名家缪崇群

在中国现代文坛上，20世纪30年代前后，涌现了一批以很大精力从事散文创作的作家，如丰子恺、梁遇春、方令孺、吴伯萧、缪崇群、何其芳、李广田、陆蠡、丽尼等。他们在散文领域都产生过较大影响，有的甚至成为了一代名家。他们以自己的笔，或多或少、或深或浅地表现出了那个动荡年代的真实风貌；在艺术上，他们的作品更有着各自鲜明的创作特色，从而丰富和发展了五四以来散文的创作。缪崇群，正是民国时期散文创作的一代名家，他的名字，对于很多读者来说可能都颇为生疏。这是一个不该忘却，然而几十年来一直被我们冷遇甚至遗忘的作家！

一

缪崇群，笔名终一，江苏六合人。1907年出生于一个知识分子家庭。一生坎坷，贫困交迫，1945年1月，正当人生年华正茂之际，却以肺结核溘然病逝于重庆北碚江苏医院，年仅38岁。

缪崇群多才多艺，著作颇丰，在小说、散文、翻译等领域都有耕耘与收获，但倾其毕生心血的还是散文创作。他于1928年开始发表作品，在以后短短的十余年间，仅在散文方面就奉献出：《晞露集》（北平星云堂1933年版）、《寄健康人》（上海良友图书公司1933年版）、《废墟集》（上海文化生活出版社1939年版）、《夏虫集》（上海文化生活出版社1940年版）、《石屏随笔》（上海文化生活出版社1942年版）和《眷眷草》（上海文化生活出版社1942年版）六部集子；病逝以后，他的好友韩侍桁和巴金先后又为他编选了《晞露新收》（上海国际文化服务社1946年版）和《碑下随笔》（上海文化生活出版社1948年版）两部散文集。此外，还有不少作品没有收集，散见于当时的各种报刊。缪崇群的这些散文作品，从一个侧面反映了当时的社会现实和风貌，留下了自己的生活道路和思想烙印，显示了他在散文创作方面的独特风格及其发展轨迹。

缪崇群的短暂一生，大致可划分为三个阶段。

第一阶段，少年求学时期。缪崇群原籍江苏六合，但从小生活于北平。父亲是大学教员，母亲出生于知识分子家庭，然而父母的关系却不融洽，家中成员也多有疾病。还在他求学期间，哥哥、母亲就先后病逝，如此沉重、阴郁的生活环境，使他从小就养成了多愁善感的性格。他曾说："因为早熟一点的缘故，不经意地便养成一种易感的性格。每当人家喜欢的时刻，自己偏偏感到哀愁；每当人家热闹的时刻，自己却又感到一种莫名的孤独。"（《晞露集·守岁烛》）他善于观察、思索，却拙于交际、应酬，这种沉默寡言的孤僻习性一直影响着他的一生。他在北平读完小学和初中，于1923年16岁时转入天津南开中学上高中，当时的同学有靳以、韩侍桁等，他们对他后来的生活和创作产生过一定的影响。1925年，他东渡日本，就读于庆应大学文学系，1928年学成归国。三年的异国生活，他既观赏了日本的山川风光，接触了日本的风俗民情，更体验了日本不同人群之间的淳朴友爱和骄横淫逸，这些都成为他日后从事散文创作的一个丰富源泉。

第二阶段，创作前期。少年的家庭生活和十几年的求学生涯，给他的人生烙上了深深的痕迹，他自己也产生着一种强烈的创作欲望，因此，在他的前期作品中，这方面的题材占着很大的比重。1928年归国后，他便涉足文坛，勤奋写作。他与鲁迅有过通信、投稿关系，在《北新》《语丝》和《奔流》等刊物上发表过一系列作品。1930年，他在南京参加了中国文艺社，并担任了大约半年的《文艺月刊》的编辑，很快即因与王平陵等人在编辑方针上产生分歧而辞职。就在这一时期，他结识了巴金、杨晦等人，在他们的关心和帮助下，于1933年先后出版了《晞露集》和《寄健康人》两本集子，这是他前期创作的主要代表作；1939年出版的《废墟集》，所收大都也是1937年前的作品。在缪崇群的前期创作里，作品主要描写自己的生活和感受，以及发生在周围的凡人小事，如对亡母、情人的追怀之恋，对师长、同学的思念之情，对异邦生活的感慨描绘等。他写来如叙家常，明白晓畅，而又时时处处散发着深沉真挚的感情，显示了他平实、精细的风格和善于抒情的特长。

第三阶段，创作后期。"七七"卢沟桥事变，如一声巨雷，震撼了中华大地。兵戈相侵，国土沦亡，人民辗转流离的悲惨遭遇，创痛深切的感愤情怀，都不能不反映到抱有正义感的作家笔下，故不少作家的作品大都以抗战前后成为创作题材和风格的分水岭，缪崇群也不例外。抗战爆发后，他拖着虚弱的病体，辗转流亡于湖北、广西、云南和贵州等地，以教书为生，一度当过《宇宙风》杂志的编辑，最后落脚在四川重庆。他于流亡途中饱经风霜，世态百相尽收眼底。随着生活的巨变，视野的开阔，他的散文风格也发生了很大的变化，虽然平实、精细、真挚和亲切的基本格调未变，但作品中原来比较狭小的天地逐渐变得开阔，纤细的感情逐渐变得坚实，爱憎更显分明，作品也更具时代感和战斗性。这些特点在他后期创作的《夏虫集》《石屏随笔》和《眷眷草》等集内都有比较充分的体现。1942年，他规划了《人间百相》的宏大写作计划，设想对人情世态作一番心灵的探索，也想给世间的魑魅魍魉描下丑恶的脸谱。但是他只开了一个头，病体就阻碍了他的工作。他困居在重庆北碚的最后两年中，写得很少。1945年1月15日凌晨，他因患肺结核大量咳血、长期不治而溘然病逝，当时报上刊载噩耗的标题是：一代散文成绝响！犹如盖棺定论，令人痛惜。

二

缪崇群一生虽然短暂，但他却拥有几位过心之交，这是他最重视的精神财富。巴金就是他知心朋友中的一位。

巴金，当代中国最负盛名的作家，而缪崇群却几乎是被遗忘了的，长期默默无闻。但正是在他们之间，存在着一种深沉而真挚的友情。1931年春，巴金从上海到南京，与当时《文艺月刊》编辑缪崇群初次相遇。他们马上相识如故了。巴金事后曾回忆这次见面："我们谈了将近一个半钟点。这不是普通的寒暄，这是肝胆的披沥，心灵的吐露。我没有谈起我的过去，你也不曾说到你的身世，可是这天傍晚我们握手分别时，却像是相知数十年的老友。"是什么使两个陌生人一见如故呢？是彼此之间都感到了纯洁的感情。当时，巴金给他寄去了一篇叫《我的眼泪》的小说，是为纪念一个异国英雄而创作的。缪崇群看了很感动，准备发稿，谁知却因此与杂志负责人发生了争执。为了这篇佳作的发表，缪崇群不惜以自己的辞职来作最后的坚持。巴金得知原委后，心中既感激，又很不安，于是很快又寄去一个短篇《一封信》，想以此换回原来那篇小说。最后，由于缪崇群的坚持，《一封信》和《我的眼泪》都先后发表了，而巴金也把崇群对自己的友谊长久地记在了心里。

缪崇群对朋友的作品并非总是一味赞扬，作为一名编辑，他每次收到巴金的来稿后，总是认真地写出自己读后的意见，有时也毫不客气地指出作品中的缺点，他把这也看作对朋友的爱和奉献。1944年10月，巴金的名作《憩园》出版后，赢得了一片的赞扬声，而缪崇群此时虽然已经不再当编辑，但作为一个细心的读者，他还是诚恳地为巴金指出了书中的一个"毛病"。而巴金，也一直默默关注着朋友的写作动向。抗战中期，随着对生活感受的逐步深化，缪崇群渐渐地不满足于那些摹山水、写风景、抒性灵、发哲理的纯粹属于内涵性质的小品文字了，他试图探索人生，把视线移向社会上的芸芸众生，这便是"人间百相"的写作由来——他计划中的百篇人物素描。巴金在《碑下随笔·后记》中说："可惜病妨害了他的工作，他似乎只写出了'百相'中的几相。"确实，由于健康原因，缪崇群计划中的百篇人物素描实际上只完成了七篇，发表在1942年福建永安出版的《现代文艺》上，总题目是《人间百相——自有其人列传》，分别题为《将军》《厅长》《邹教授》和《诗人》，以及《闪击者》《陈嫂》和《奎宁小姐》。缪崇群发愿创作"人间百相"这么宏大的以写人物为主的作品,这对丰富散文的创作手法,提高散文的表现能力,明显具有积极意义。当然,要写好这样的人物素描,对作家的生活根底和创作能力也是一种考验。从缪崇群已完成的七篇作品来看,他写了将军、官僚、教授、诗人、教会学生乃至小公务员、帮佣等,可谓三教九流,丰富多彩;就人物性格而言,范围广,层次多,呈现出复杂多样的特点。应该指出的是,既然写"人间百相",就应比较全面地反映社会上的各类人等,黑暗丑恶的现象固然要揭露,光明美好的事物也应颂扬。遗憾的是,在这组作品中,我们却看不到有血有肉的光彩的正面形象。这个缺陷或许与作品尚未完成有关,但从总体考察,实在与作者的性格和所处的环境密不可分。缪崇群的中学同学靳以对此曾作过较为中肯的分析:"他不喜欢这个世界,可是由于健康的限制,他只能枯守在那里像一只受了伤的野兽,甚至于连声息都屏住了……也许他实在不愿看这个世界了,他厌恶这'人间百相';假使有一天,当着死去的人复活的时候,世界该变好了。那时节他会爬起来,用快乐的眼睛观望人生,再继续他的《人间百相》吧。"(靳以《忆崇群》,刊《文艺复兴》1946年第1卷第6期)可惜,缪崇群没能活到"世界变好"的那一天。

　　1945年1月15日,缪崇群贫病交加,在重庆溘然长逝,巴金听到噩耗后,心情久久不能平静。当时,为纪念良友图书公司成立20周年,赵家璧准备出版一本名叫《我的良友》的纪念文集,他向郭沫若、茅盾、巴金、老舍等20位著名作家发出了约稿信,信中说:"拟仿美国出版《读者文摘》中之特栏'我所最不能忘怀的人物',请你写你生平一位最不能忘怀而值得纪念的朋友。"1946年1月,《我的良友》一书在上海出版,开卷第一篇就是巴金写的《一个善良的友人》,这是为悼念缪崇群而写。巴金写道:"我失去了我的最好的一部分;我失去了一个爱我如手足的友人。那损失是永远不能补偿的了……你是不会死的。你给我们,你给这个世界,留下了九本小书。那些洋溢着生命的呼声,充满着求生的意志、直接诉于人类善良的心灵的文字,那些有血有泪、有骨有肉、亲切而朴实的文章,都是你的心血的结晶,它们会随着明星长存,会伴着人类永生。"(巴金:《纪念一个善良的友人》,载《巴金选集》第8卷,四川人民出版社1982年版)他并痛恨自己没有为友人做什么事,而事实上,缪崇群的创作,自始至终是得到了巴金的支持和鼓励的。1933年,崇群的第二本散文集《寄健康人》就是在巴金的支持下得以出版的;以后,崇群的《废墟集》《夏虫集》《石屏随笔》

巴金1985年9月20日写给我信的信封

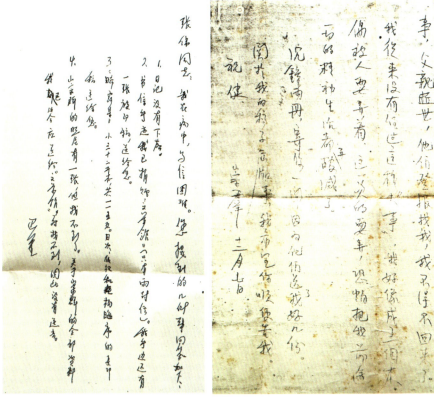

巴金1985年9月20日写给张伟的信　　缪崇群致巴金的信，巴金复印寄给张伟参考

和《眷眷草》等主要作品，都是在巴金主持的上海文化生活出版社出版的。崇群逝世以后，巴金又搜集了他的散佚之作和书信，于1948年11月出版了缪崇群遗作集《碑下随笔》。巴金还曾有过出版《崇群书简》和《崇群全集》的打算，并为之作出过大量努力。

就是在几十年以后，巴金还是深深怀念着他心目中的善良友人，一代散文名家缪崇群。1985年9月，笔者为写作以缪崇群为主题的毕业论文，并应百花文艺出版社之邀编辑《缪崇群散文选》，曾写信向巴金求教。信发出后仅几天，一封写着颤抖字迹的巴金亲笔信就飞到了笔者手中，他不但仔细回答了笔者提出的疑问，还寄来了有关参考资料以表支持。迟至暮年，巴金的一颗心还是火热的！

怀念赵家璧先生

1980年夏,我入职著名的徐家汇藏书楼,走进那扇小门时,我知道,对我而言,这意味着一种新生活的开始。那时我才20岁出头,年少无知,加上以前喜欢的是中国古代文学,而徐家汇藏书楼却是以近现代文献收藏而驰名世界的,故压力巨大,感到一切都得从头再来,整个人都处在嗷嗷待哺、亟须充电的状态。当时,包天笑的《钏影楼回忆录》、司马长风的《中国新文学史》、夏志清的《中国现代小说史》等很多域外的著作都开始陆续传进大陆(当然不少是盗版,有的甚至只是复印本),成为我的案头之书;而藏书楼极其丰富的收藏,更让我有"老鼠掉进米缸"之感。藏书楼的馆藏之书只能阅读,不许外借;但当时有一个资料室,藏书也颇丰,允许职工借阅,这就让我在八小时之外得到了延长阅读的时间。资料室的书大都是晚清民国期间出版的,内容相当丰富,只要办一个简单手续,就能借出阅读。其中一套《中国新文学大系》,皇皇十本一套的巨著,将新文学头十年的重要作品一网打尽,内容正是我迫切想看的。于是,一段时间内,这套书一直摆放在我的案头,有空就翻一翻,而这套书的主编赵家璧的名字,也深深刻印在了我的脑海里,编撰此书时的他才27岁,这就更让我心生崇敬之感。也许冥冥中有缘,没过多久,我居然和赵家璧先生有了通信交往、并进而见面求教的机会。

1978年中国实施改革开放政策,坚冰破封解冻,各行各业进入蓬勃发展的阶段,中国现代文学研究领域也随之获得爆发性进展,其中,中国社会科学院文学研究所做了很重要的组织工作。1979年,他们启动了"中国现代文学史资料汇编"这样一个庞大的编撰计划,具体分为"中国现代文学运动、论争、社团资料丛书""中国现代作家作品研究资料丛书"和"中国现代文学书刊资料丛书"三种资料汇编,计划出书约200种。这个编撰计划很快就被列入了国家第六个五年计划社科重点项目。

承担计划的编撰人员，基本都是各地大学中文系的老师，他们承接项目以后，陆续奔赴各地图书馆查阅资料，其中，上海的徐家汇藏书楼是他们的必到之处，因为这里收藏着最为丰富的近现代报刊出版物。当时，传统的鲁（迅）、郭（沫若）、茅（盾）、巴（金）、老（舍）、曹（禺）等名家和"尘封已久"的沈从文、徐志摩等刚"出土"的作家是最受研究者青睐的，而一些很早过世或作品较少、名气较小的作家研究资料的编写任务，则往往没有研究者认领。中国社科院文学所的张大明、徐迺翔等专家当时经常来藏书楼查阅资料，慢慢和我熟悉了起来，他们认为我这个小青年尚肯学习，办事也比较认真，故希望我承接《葛琴研究资料》的编写任务。当时我进藏书楼工作仅仅一年，一切都还在摸索阶段，根本谈不上研究能力，能有这样的国家项目上手锻炼，自然喜出望外，马上一口答应。

葛琴1907年出生，1926年就加入了中国共产党，从事惊险的地下工作。她的文学创作活动始于1932年，第一篇小说《总退却》以"一·二八事件"为题材，发表在丁玲主编的《北斗》杂志上。后来，她的第一本小说集就以《总退却》为题，鲁迅为它写了一篇见介精辟的序："这一本集子就是这一时代的出产品，显示着分明的蜕变，人物并非英雄，风光也不旖旎，然而将中国的眼睛点出来了。"葛琴后来还出版了《窑场》《一个被迫害的女人》《生命》《伴侣》《结亲》等小说集，以及《女司机》《三年》《海燕》等电影文学剧本。1956年后她担任北京电影制片厂副厂长，行政工作繁忙，很少再进行文学创作。因早期主要从事共产党地下工作，1949年后又很快担任行政领导职务，葛琴的作品不多，影响也不大，有关评论介绍也很少。我的工作遇到很大困难，只能到处寻找线索。1982年，我惊喜地发现，赵家璧先生写有一篇《推荐葛琴的处女作〈总退却〉——为什么写序后三年才出版》，收在《编辑生涯忆鲁迅》一书中，文章以知情者的身份，详细介绍了当年鲁迅为《总退却》一书写序的前前后后，解开了我心底的一个谜团。由此，我产生了写信求教的心愿。我辗转打听到赵家璧先生的住址后开始写信。查阅日记，1982年7月10日我就写好了信的草稿，延宕几天后始寄出。7月21日我就收到了他的回信，原信抄录如下：

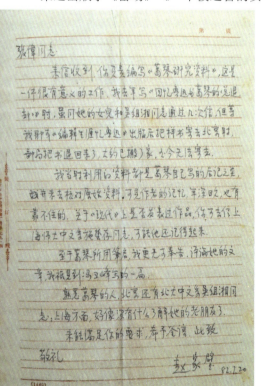

赵家璧1982年7月20日致张伟信

张伟同志：

　　来信收到。你负责编写《葛琴研究资料》，这是一件很有意义的工作。我去年写《回忆鲁迅与葛琴的〈总退却〉》时，虽同她的女儿和吴组缃同志通过几次信，但等我那本《编辑生涯忆鲁迅》出版后把样书寄去北京时，邮局把书退回来了，大约已搬了家，至今无法寄去。

　　我当时利用的资料都是葛琴自己写的后记之类，并未去核对原始资料。可见作者的记忆，年深日久，也有靠不住的。关于《现代》上是否发表过作品，你可去信上海师大中文系施蛰存同志，可能他还记得起来。

　　至于葛琴所用笔名，我更无可奉告。评论她的文章，我只见到冯雪峰写的一篇。

　　熟悉葛琴的人，北京还有北大中文系吴组缃同志；上海方面，好像没有什么了解她的老朋友了。

　　未能满足你的要求，希予鉴谅。此致
　　敬礼

赵家璧
82．7．20

　　我在这天的日记中写道："赵家璧先生回信了。虽然没给予什么满意的答复，但一星期不到就迅速回了信，这种速度，这种对无名之辈的态度，令人肃敬。"

　　在我的记忆中，至此以后我和赵家璧先生就有了经常的通信联系，有时是我向他请教某些问题，有时是他向我询问一些信息。赵家璧先生毕生从事"为他人作嫁衣裳"的编辑工作，深深懂得这类行业工作性质的神圣和辛苦，故除了教诲以外，还常常给我以鼓励。下面这两封信就是很好的例证。

张伟同志：

　　今天有一件小事拜托你，不知能办到否？

　　最近复旦大学西语系研究生告诉我，说一九三七年五月上海王统照编的《文学》月刊8卷3期上载有我的题为《友琴·奥尼尔》的论文一篇，我自己早已忘记了，如能抽闲帮我复印一份，极表感谢。所需费用，来示即寄。谢谢！

　　此致
　　敬礼

赵家璧
83．5．10
山阴路192弄53号　电话665428

张伟同志：

　　我上月二十日离沪去湖北开会旅游，昨天下午才回来，见到你替我复印的拙作，真是喜出望外。因为如果不是复旦大学外文系研究生来舍向我提起，我早已没有丝毫印象了。可见资料工作的重要性，对学术研究可起推动作用。你们从事的工作是光荣的！在此向你致敬！复印费奉上，请检收。此致

　　敬礼

赵家璧
83.6.4

　　友琴·奥尼尔现通译为尤金·奥尼尔，他是现代美国戏剧的奠基人，获得过诺贝尔文学奖和普利策戏剧奖，对中国现代文学尤其是现代戏剧影响巨大。赵家璧先生这篇评介奥尼尔的文章，是早期比较重要的一篇，今天很多论述奥尼尔的学术论文也还经常会提到它。赵家璧早在中学时代就喜欢英美文学，尤其是新兴的美国文学，他曾说："从个人感情上说，我年轻时就爱读美国现代文学作品，读完一个作家的主要原作后，我就试写一篇评介文章，陆续发表在30年代的各种文学刊物上，如《现代》《文季月刊》《世界文学》等，包括德莱塞、休伍·安特生、格特鲁德·斯坦因、海明威、福克纳、杜司·帕索斯等。"（赵家璧：《出版〈美国文学丛书〉的前前后后——一套标志中美文化交流的丛书》，载《读书》1980年第10期）1936年，他将这些文章编成一部集子，名为《新传统》，列入"良友文学丛书"出版，其中并无奥尼尔。故这篇《友琴·奥尼尔》当可视为继《新传统》后，他对美国文学研究的再起步，以后，他还发表过《〈早点前〉的作者奥尼尔》等文，只是抗战的爆发，将他的计划彻底搁浅，并且再也未能重新起航，令人叹息。

　　在赵家璧先生主持编撰的众多出版物中，《中国学生》和《大美画报》都不能算分量最重要者，但前者是他在"良友"主编的第一份刊物，后者则是在"孤岛"上海这一非常时期主编的刊物，都有着特殊的意义，赵家璧先生自己也对此怀有另样的感情。他在和我有了较多接触以后，曾数次在来信中流露出想一窥全貌的想法：

　　我为了继续写回忆史料，请代查下列期刊，你处是否有藏？有几期？

　　《中国学生》，我在1928年起，在上海良友图书公司主编的一个图文各半的大型刊物，共出版三年。

　　《大美画报》，上海美商《大美晚报》主办，孤岛时期先后由伍联德与我主编，大约出版了两三年。

　　经常麻烦你，希望便中复示，愈详细愈好。谢谢！如有，我当择日来借阅，但不知要介绍信否？（1984年7月4日）

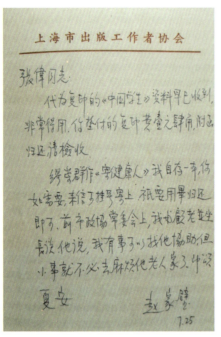

赵家璧1982年7月25日致张伟信

前曾托你代查《大美画报》和《中国学生》库藏信息,你的答复,对我有用,非常感谢。我目前还抽不出时间上藏书楼去,将来一定会去查阅的。(1984年11月18日)

来信收到,你给我捎来的信息颇有用处,深表感谢……我很想到徐家汇书库来查询一些有关刊物,苦于车挤,我又不良于行,但总想去走一遭,届时当找你帮忙。(1984年12月6日)

代为复印的《中国学生》资料早已收到,非常得用。你垫付的复印费壹元肆角,附函归还,请检收……前市政协常委会上,我与顾老并坐长谈,他说,我有事可以找他协助。但小事就不必去麻烦他老人家了。(1985年7月25日)

久觅不得的《大美画报》全份,经顾老例外照顾,暂借数天;又蒙你亲自远道送来,感何如之!

现已用毕,昨日电话贵处,你适外出,特此专函奉告,何日得便,希来舍代为送还。本应由我自己送上,实因年老车挤,只能再次劳神了。谢谢,谢谢!(1985年12月4日)

昨孔海珠同志来信问起,她从其他材料上看到,我在1929年主编的《中国学生》第三期是戏剧专号,我在"编者话中"说到过一段有关学生戏剧运动的话。时隔半个世纪,我已记不起来,但当时袁牧之同志和我常有往来,他有早期剧作发表在《中国学生》上。我记得你曾告诉我徐家汇书库藏有《中国学生》(良友版),请费神代为一查,并请来信或来电665428赐复。大家为了史料的可靠性,当蒙鉴谅。(1986年12月26日)

赵家璧先生从1984年起就曾数次来信让我帮他查找有关《中国学生》和《大美画报》的信息,我都尽可能予以了回复或代为复印。如他1986年12月26日来信让我帮他查找有关"戏剧专号"的事,我回信告诉他,这个专号全称是"学生戏剧运动专号",刊登在1930年3月出版的第2卷第3期上,发表有洪深的《学校

赵家璧先生给我的信件

戏剧运动之必要》、许德佑的《学校戏剧运动的开展》、孟超的《剧场运动之转移》、袁牧之的《我演剧生涯中之趣剧》和左明的《我们的学校戏剧运动》等文章；袁牧之创作的剧本，《中国学生》上发表有《等边三角形》（1929年3月第1卷第3期）和《全黑队》（1929年7月第1卷第7期），均是独幕剧；他需要的"编者话中"，我也抄录寄给了他。至于《大美画报》这份画报则有些特殊，在当时的情形下还隐隐然有些禁区之感。这份画报系半月刊，由美国商业控股背景的大美晚报社创办，创刊于1938年5月，至1939年8月出至第3卷第9期时停刊，共出版29期。当时，日本侵略军已入侵上海华界，负责监管舆论的上海日军报道部已经悍然宣布对租界内华人报纸实行新闻检查，《申报》《大公报》等很多报纸都以停刊作为抵制。当时美商英文《大美晚报》已出有华文版《大美晚报》，由美国人史带担任发行人，他发表《责任声明启事》："英文版和华文版《大美晚报》属于一家，编辑方针相同，主张报纸言论自由，登载消息不参成见，纯重事实。两报虽为美国人所有，对服务于带有国际性的上海社会负有责任，因此，两报将不受任何方面之检查。"这一声明发表后，宣传爱国抗日的华文报，挂上洋商招牌就可以照常出版。日寇当时对英美两国尚有所顾忌，只好无可奈何。当时，《大美画报》前9期由伍联德主编，自第10期（第2卷第1期）起，则由赵家璧接任主编。《大美画报》是上海沦为"孤岛"后发行的一份有着强烈抗战气息的刊物，如其第2期为"血战台儿庄特辑"，仅仅照片就刊出了50余张，可谓浓墨重彩的宣传。画报以抗战爆发后新一轮国共合作为契机，几乎每期封面都刊登国共重要领导人物的正面形象，如蒋介石、宋美龄、宋子文、李宗仁、毛泽东、朱德、周恩来、彭德怀等，还重点介绍了胡耀邦、陈赓、陈光、谭政、项英、白崇禧、汤恩伯等国共两党阵营中的重要军政将领，在当时影响极大。赵家璧先生因当年与这份画报有着一份特殊关系，时隔近半个世纪，又逢改革开放，顾虑减少，对这份自己一字一图编出来的刊物思

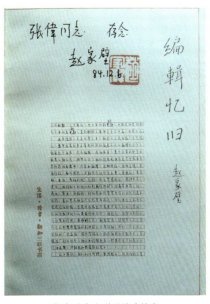

赵家璧先生赠送给我的书

怀念赵家璧先生　　第二十二篇

念更切。老人曾多次表示想看这份画报，甚至为此想亲自来一趟藏书楼，无奈老人住在上海东北角的虹口山阴路，而藏书楼则位于市区西南的徐家汇，路远车挤，老人又不良于行，遥遥两端，问题似乎无解。但当我收到赵家璧先生1985年7月25日这封信时，灵光一闪，脑海中冒出了一个想法。老人在信中说，他在政协常委会

1988年3月12日和赵家璧先生合影

上与顾廷龙先生并坐畅谈，顾老表示有事可找他协助解决。顾老是上图馆长，对知识分子最为关切，也深深理解他们想看书的迫切心情，请顾老出面协调，赵家璧先生想看《大美画报》的心愿也许就能解决。我给老人去信，表示：关于"1949年前出版的书刊不能携带外出"，上图确实有这样一条规定，但也不是一成不变，也有变通的例外，比如领导同志的工作急需、公安部门的调查取证等，都有外借的特例。您是出版界有地位、有影响的专家，现在年老不良于行，因写回忆录需要调阅自己当年主编的进步刊物，这个要求不算过分，应能满足。故建议他找顾廷龙先生求助。从事后结果看，赵家璧先生应该听取了我的建议。很快，上图的相关批条就下达到了藏书楼，并且指定由我送书到赵府。我查了一下日记，送书那天是1985年的11月26日，除了《大美画报》外，还有赵老一直想看的《中国学生》："上午十点至赵家璧先生家，送《大美画报》及《中国学生》等共十数册。这是顾廷龙同意外借，供他写回忆录的。在赵先生家，还得到了一些缪崇群的资料。他赠我两书：《月亮下去了》和《我与图书》。"尽管上图并没有明确说明借阅期限，但从赵老给我的信来看，他非常自律，不愿过长时间占用公共资源，上述两刊他只用了一周时间翻阅，可谓效率很高。我是12月10日去赵府取书的："中午去赵家璧家，取《大美画报》和《中国学生》。"

印象之中，我和赵家璧先生通信很多，由于搬家等原因，近年来书刊信札等资料丢失很多，这次为写此文，也只找到寥寥一些，日记中提到的一些书信，再三翻找也未见踪影。犹记1988年3月，我因编《中国现代文学序跋大系·报刊卷》，上门请赵家璧先生写序，赵先生谦虚地表示，自己已上年纪，已无精力再查阅资料，故让我准备材料并写出初稿，由他来修改统稿，署我们两人名。事后，赵家璧先生还专门给我写了一封信，此信这次也未能找到，甚为遗憾；但幸运的是，那天我们的合影却还静静躺在我的相册中，正好拿来作为这篇小文的结束，并以此表达我对赵家璧先生永远的怀念。

干编辑出版这一行的人很多，但真正能称得上是出版家的却寥若晨星，赵家璧先生就是这晨星中一颗耀眼的灿烂之星！

秋水共长天一色（代跋）

上海图书馆以藏书宏富、精品丰盛而著称，每年岁末举行的年度文献大展也因此成为众多读者的饕餮盛宴。从2007年起，我参与了上图多次年度大展的筹备，每次也写一篇文章，记下自己的一点心得体会。2013年，我参与筹备"上海图书馆藏尺牍文献精品展"，撰写了《一纸飞鸿——中国近现代文人手札漫谈》；2014年，我参与筹备"上海图书馆藏稿本日记展"，撰写了《心曲传真——中国近现代文人日记漫谈》。这两篇文章也可以说代表了我对日记、书信这两种文献的一些基本看法。

我在上图工作了整整38年，条件得天独厚，的确近水楼台先得月，看了很多好东西，特别是那些外间很难过目的日记信札、稿本钞本等第一手文献。但这并非我汲取知识、鉴赏宝贝的唯一来源。我有一些朋友，他们有些鄙视图博系统的个别工作人员，私下里往往笑称那些只是一味炫耀公藏，而自己却没有任何一点独特见解，也没有哪怕少许一点收藏的人是"吃公家饭"的。我知道他们中有些人在图书馆看书受到过不公正待遇，言语之间难免激愤。我个人认为，私人藏书更多的是基于兴趣爱好，往往爱得炽热深沉；而在公家上班，考虑的是职责所在，是基于工作责任，必须认真负责。但是，如果没有一份热爱，或者说缺少那么点兴趣，你在图书馆工作，尤其是在北图、上图这样的大馆，确实有点艰涩，也难以想人之所想，帮人于急难，是很难让读书人真正满意的，我私下里甚至想说：有点可惜！我并不赞同宝贝全部归公，天下好书尽入公家囊中的激进主张。事实证明，这种极端做法并不有利于优秀文化的保存和传播。我也不认同，凡在公家机构做事，个人不能收藏的狭隘观点。首先对"收藏"两字就往往理解不同，看法有异，哪有长期从事图博工作，潜心研究而自己又没有一点铭心藏品的？与其强调这些，还不如加强馆藏管理，集思广益，制定出一套行之有效，既保证文献安全，又方便大家借阅的制度来，这样才能获得众口称赞，皆大欢喜。

  我从小就集邮，如果这也算沾一点收藏的边，那我雅好此道已垂 50 年了。浸淫日久，难免会有一些同道朋友，这么多年来，我从他们那里学到了不少知识，也有缘欣赏了很多文献文物，有些甚至是公家都渴望并缺藏的宝贝。我自己也量力而行收藏了一些，当然早已不限集邮，而是扩充到了比较广的范围，我给自己订立的规矩是：只限文献，不涉古董。这几十年来，省吃俭用，节衣缩食，立志将收藏之道进行到底，也的确在少许领域达到了比较满意的程度。就这本拙著而言，其中所言大约超过一半的文献是我个人的收藏，这是令我自豪的，也是想从一个方面来佐证我上述的观点。古人云：落霞与孤鹜齐飞，秋水共长天一色。虽然比喻有点不类，似乎不知轻重，但这也是一个小小心愿吧！

张 伟
2019 年 6 月 7 日端午于上海花园